威權的象徵

英國國家海事博物館藏
中國旗幟研究

廣東革命歷史博物館 編
程美寶 主編

中華書局

□ 責任編輯：黎耀強
□ 裝幀設計：簡雋盈
□ 排　版：陳美連
□ 印　務：劉漢舉

威權的象徵：
英國國家海事博物館藏中國旗幟研究

Symbols of Authority:
Studies on the Chinese Flag Collection held by the National Maritime Museum, London

□
編著

廣東革命歷史博物館編、程美寶主編

□
出版

中華書局（香港）有限公司

香港北角英皇道 499 號北角工業大廈一樓 B
電話：（852）2137 2338　傳真：（852）2713 8202
電子郵件：info@chunghwabook.com.hk
網址：http://www.chunghwabook.com.hk

□
發行

香港聯合書刊物流有限公司

香港新界荃灣德士古道 220-248 號
荃灣工業中心 16 樓
電話：（852）2150 2100　傳真：（852）2407 3062
電子郵件：info@suplogistics.com.hk

□
印刷

寶華數碼印刷有限公司

香港柴灣吉勝街 45 號勝景工業大廈 4 樓 A 室

□
版次

2023 年 5 月初版
© 2023 中華書局（香港）有限公司

□
規格

特 16 開（254 mm×190 mm）

□
ISBN：978-988-8809-87-5

目錄

前言（楊琪）/ 2

導言：十七件織品的啟示（程美寶）/ 4

Introduction: Lessons from Examining Seventeen Textile Artifacts (May Bo CHING) / 9

鳴謝 / 16

英國國家海事博物館藏
中國旗幟基本情況（周瑤）/ 17

英國國家海事博物館藏
中國旗幟的保養與修復（妮古拉‧耶茨）/ 27

從三角到長方龍旗：
清季水師旗式的演變（楊彥立）/ 51

晚清海軍旗圖樣研究：
基於圖像資料的探討（吉辰）/ 75

中英往來照會中的海軍旗幟（李文杰）/ 97

清末海軍將旗研究（姜鳴）/ 109

「十五仔的旗幟」：道光年間中英合作
打擊海盜行動及其歷史遺物（程美寶）/ 131

真假軍旗：東和輪船被劫案與粵英聯合剿盜行動
（1924—1925）（朱志龍）/ 159

英國皇家海軍在中國沿海的部署
（1841—1941）（鄺智文）/ 173

從十三件藏品所見之鴉片戰爭至二戰期間
駐華英國海軍的歷史（亞倫‧賈弗）/ 193

英國國家海事博物館圖書館藏與
中國有關之文獻與手稿（斯圖亞特‧布萊）/ 225

當龍旗飄走之後：
民初的新國旗與新國體（趙立彬）/ 239

前言

楊琪（廣東革命歷史博物館館長）

這本圖文並茂的論文集，是 2018 年 12 月香港城市大學舉辦的「威權的象徵：英國國家海事博物館藏中國旗幟」學術研討會的成果。是次研討會由本館委託香港城市大學程美寶教授統籌，並得到香港城市大學中文及歷史學系和李孝悌主任的大力支持，使會議得以順利舉行，在此再次表示感謝。

這次會議和這部論文集，源於我們廣東革命歷史博物館和英國的格林威治皇家博物館的合作項目。廣東革命歷史博物館成立於 1959 年，是廣東省內成立最早的專題性革命歷史類博物館。至 2018 年，本館下轄六個分館，包括廣州近代史博物館、廣州起義紀念館、黃埔軍校舊址紀念館、中華全國總工會舊址紀念館、越南革命青年同志會舊址和琶洲塔。其中，廣州近代史博物館的原址是廣東諮議局，也就是清末辦新政的時候建立的一個議會機構。現在主要展示 1840－1949 年間廣州近代的歷史，主要功能包括收藏、展示、研究和社會教育。經過多年積累，該館在藏品、人才儲備上都有一定的基礎。本館下轄的另外幾個館，基本都是依託舊址建立，在這一點上與英國的格林威治皇家博物館情況相若。

2016 年，由廣東省文化部門引薦，英國格林威治皇家歷史博物館提出合作意向，希望利用他們館藏的近代中國旗幟作為基礎，雙方進行館際合作。這批旗幟主要是在鴉片戰爭至民國初年於中國沿海地區獲取的，時間跨度較長，對於研究晚清和民國時期海事、海戰和中西交往的歷史，具有一定的意義。

英國格林威治皇家博物館下屬的國家海事博物館，在世界上同類型博物館來說是規模最大、觀眾數量最多的。該館藏品豐富，在海事、海戰、研究、水下考古各方面，在國際上有很大的影響力。我們兩館間在某些領域方面有重疊的地方，雙方在藏品研究方面，有進一步合作的空間。經雙方系列商談，兩館在 2017 年達成合作備忘錄，合作時間至 2022 年 6 月止。在合作的過程中，我們多次到英國國家海事博物館考察交流，查找資料，參觀它的藏品、保藏情況以及文

物維護的技術等。英國格林威治皇家博物館專業人員也到我館進行考察交流，正是雙方的密切配合、通力協作，項目得以順利進行。

在合作的過程中，我館成立由館長負總責的專題項目組，首先對旗幟資料進行基礎研究，同時走訪國內博物館調研相關文物的收藏和研究情況，時任副館長黎淑瑩主力推進，館員周瑤負責翻譯，館員楊彥立則承擔了項目組的絕大部分工作，各方面的聯絡溝通、資料整理翻譯、展覽策劃，都是由她負責的。在研究取得突破的同時，亦為我們培養年輕隊伍提供契機。

我們聘請了程美寶教授作為本項目的學術指導，把握學術方向，提升了項目水準。為了這次研討會，程美寶教授進行了將近一年的準備，專程到英國格林威治皇家博物館和英國國家檔案館查找資料，邀請專家學者，主持本次學術研討會。也感謝香港城市大學對本次研討會的鼎力支持。

是次會議請來了英國格林威治皇家博物館的三位館員，以及來自廣州、上海、澳門和香港的專家學者，連同本館兩名青年館員，在會上暢所欲言。他們在會後完成論文撰寫，再三修訂完善。同時，我們也得到英國格林威治皇家博物館提供藏品圖片複製使用權，經過多方努力，成就了這本論文集。我們期望在此基礎上，兩館會有更多合作的可能，日後能進一步推動中英的文化交流，讓兩地人民能夠看到彼此的文物珍品。

導言：十七件織品的啟示

程美寶

　　教科書上的歷史，總是這樣告訴我們：某年某月某日，發生了什麼事，原因經過結果影響如何，由是悶走了一批學生。

　　為了使教科書不那麼沉悶，教科書會加上插圖，插圖下有說明，往往用毫無疑問的語氣書寫，告訴你這是什麼。例如，不知從哪裏弄來一幅畫像，說這是宋帝昺，那是朱元璋。學生們聽着聽着，覺得無聊，也許會在畫像上塗鴉，給宋帝昺或朱元璋加撇鬍子，如此這般，就學完一課「歷史」。

　　為了不悶死學生，我們近年會讓學生走進博物館去體驗歷史。博物館的藏品標籤會告訴你這或那是什麼，幫你長知識，近年還流行舉辦各種「浸沉式」活動，讓你身同感受——你走進投影的宮殿背景，身上會自動披上一件虛擬的長袍馬褂，他當上貝勒，她成了格格。感覺很像，感覺就是。

　　問題往往就出在這個「是」字上。如果中小學教科書囿於程度和課綱要求而不得不用簡單的陳述句來說「是或不是」甚至「大是大非」的話，歷史學者們則有責任也有條件去懷疑一切的「是」，去為更多的「是」與「不是」查根究底，防止自己掉進自以為是的陷阱。

　　英國國家海事博物館（National Maritime Museum）藏十七件清代民國旗幟及織品，正好給我們一群歷史學者一個機會，從物品出發，重新思考中國近代史上的許多是與不是。這批以清代旗幟為主的中國織品（詳見周瑤整理表格），大多與十九世紀下半葉至二十世紀初在中國爆發的戰爭或軍事衝突有關，所涉及的歷史事件耳熟能詳——第一、二次鴉片戰爭、十九世紀的華南海盜、太平天國、庚子事變，以及北伐前的地方軍事割據等。在這些戰場中，旗幟都是絕對有可能出現的物品，我們在教科書上學到這些事件時，也許會看到一些插圖，但大抵沒有幾張會展示旗幟的。即使有旗幟的圖像，頂多只是作為戰爭場面圖畫的背景，以幾個色點的樣貌呈現，更遑論有機會看到實物。英國國家海事博物館這十七件藏品，由於入藏年代比較清楚，我們幾乎可以認定它們是十九世紀四十年代至

二十世紀二十年代的中國旗幟和織品；而恰恰由於它們並非精美的藝術或工藝品，這種歸類為「中國旗幟」的藏品在世界各地包括中國在內的博物館都是比較少見的。

　　根據館藏記錄，這批旗幟和其他織造品是英國海軍人員在中國歷次參與軍事行動時從中國帶回英國的。博物館能夠提供的資訊，往往就是按照「據說是某人在何處參與軍事行動時取得（acquired）」的格式書寫，有時甚至連「取得」這個動詞也付諸闕如。比較清楚的是，這些旗幟之所以會入藏英國國家海事博物館，是有一定的歷史背景的。本文集作者之一、英國國家海事博物館館員亞倫・賈弗（Aaron Jaffer）提醒我們，敵人或戰敗方的旗幟，是最具象徵意義的戰利品（war trophy）。不過，由於一直到晚清之前，中國都沒有正式的國旗，英軍在戰場上掠取到的，不能說是「國旗」，而是清代水師和八旗將領使用的旗幟，還有一些繡或畫有中文字、祥龍或其他圖案的旗幟。我們可以想像在當時混亂的情景中，英軍隨手抓到一批看來都像旗幟的織品，拿回祖家，有些呈獻（presented）給格林威治醫院的展館（海事博物館的前身）；有些原先留存在私人手裏，輾轉又送到公營機構；而那把繡工精美的羅傘，更曾呈獻過給維多利亞女皇，不過後來又送回給格林威治醫院（詳見周瑤整理表格）。這些簡單的入藏記錄至少讓我們知道這批藏品不是後來偽造的，而是當時亦即十九世紀中葉至二十世紀初就存在的。這個認識，是我們研究這些物品的重要出發點。

　　英國國家海事博物館這些簡單的入藏記錄也許不足以回答「誰人在何時何處取走」的問題，但這些旗幟和織品是實物，是研究清朝禮儀和國家象徵的樣本，通過分析其材料與工藝，我們了解到，當時生產和使用的旗幟雖然樣式大體相同，但也有不少小異之處。正如楊彥立的論文指出，《大清會典》提供的各色儀仗和軍隊使用旗幟的規定，不錯有大概的尺寸和圖案，但當時的旗幟並非統一量化生產，材料和工藝都頗有差異，旗上的龍長成什麼樣子，在細節上也有不同。吉辰利用晚清的文獻，指出清朝官方頒佈的海軍旗幟圖樣前後不同，認為無論是三角龍旗還是長方龍旗，實際使用的海軍旗的圖樣都相當不統一，有些甚至顯得有點稚拙。廣東革命歷史博物館的同仁曾走訪過國內數家博物館，初步發現藏有三角黃龍旗的博物館只有幾家，而同時藏有三角黃龍旗和長方龍旗的，則只有中國國家博物館，但有關資料亦相當有限。由此可見，英國國家海事博物館的這批藏品，儘管直接相關的資料也不多，但仍屬十分難得的實物，供研究者參照。

　　李文杰從英國國家檔案館藏外交部檔案中，析出清政府制式旗幟使用及變化的一些過程，指出清政府使用的海軍旗、商旗、國旗，是從清朝皇帝使用的黃龍大纛旗修改演變而來，並非簡單的外來因素移植；但與此同時，晚清制式旗幟的出現，也往往是中外交涉過程中外力推動的結果。我們不應忽略的是，禮儀制度和象徵符號的變化，不是非此即彼，而是內外有差，新舊並行。姜鳴的文章集中討論清末海軍的將旗，指出時至 1909 年，將官的軍銜和將旗趨於成熟，旗角的龍式與清朝國旗一致，將旗的等級以五角星來標識，只是此時已離辛亥革命不遠，將旗的配發和實際應用，尚未見詳細記載。[1] 真正讓旗式發生裂變的，應該是走進共和的時代，新政體明顯不可能容忍象徵皇權的黃龍，但用什麼來取而代之，民國成立之初中外人士都有許多意見，趙立彬的文章便給我們舉了好些例子。

　　在英國國家海事博物館藏的這批旗幟當中，有四面是有文字的，對於更習慣使用文字史料的我們，無疑提供了一些線索。其中，分別寫有「綏遠侯神蠹」和「陳」字的兩面旗，情境性資料相當有限，與會者看法莫衷一是，我們暫時也不勉強做出什麼結論。至於寫有「天后聖母」同時又繪上一個男性神像的那面旗，在博物館的入藏記錄中，說是海盜「十五仔」的旗幟；而那把繡工十分精緻的華蓋，入藏記錄則說是「中國將領黃開廣」的，兩個人物在歷史上的確是「兵捉賊」的關係。但即使如此，在茫茫史海中，我們如何能夠「證明」這兩件沒有寫明擁有人的織品，分別屬於「十五仔」和「黃開廣」呢？我們清楚的是，這兩個名字在兩次鴉片戰爭之間中英交涉的許多文獻中曾頻繁出現。經過許多「考證」，雖仍然難以證明物主的身份，但似乎可以推論的，是在英文的記錄中之所以把這兩件物品說成「是」十五仔和黃開廣的，對標榜英軍的戰績十分有用。這樣的「說法」使這兩件物品「增值」，並成為日後誰是物主的一種憑據（見程美寶文章）。

1　需要指出的是，在楊彥立、吉辰和李文杰使用或參考英國國家海事博物館這批實物藏品為 2018 年的會議撰寫專題文章之前，中國社會科學院的施愛東在其《中國龍的發明：16－20 世紀的龍政治與中國形象》（北京：三聯書店，2014）第四章「哀旗不幸，怒旗不爭：大清龍旗 50 年」已根據文獻材料扼要地論述了晚清龍旗的流變。2022 年，參與本次會議的姜鳴先生，又結合文獻、圖像和本書討論的這批藏品和其他實物，撰寫了〈清末龍旗研究——以文獻、圖像和實物為中心〉（《中國國家博物館館刊》2022 年第 4 期）一文。

　　至於那面寫有「粵軍第一師師長李」八個大字的旗幟，按理應毫無疑問是二十世紀二十年代初粵軍第一師師長李濟深的，難道不是？可英國國家海事博物館的藏品資料謂這面軍旗是在 1926 年截獲的，而「粵軍第一師」在 1925 年便因改組而至少在名義上不復存在。我們當然可以推測這面旗可能是「舊」的，但朱志龍從中英文檔案的蛛絲馬跡中看到，它也有可能是「偽冒」的，因為在當時某些情況下，偽冒這面李師長的軍旗，能發揮一些特殊作用。由此可見，圖未必就能證史，字也不等於能夠為憑。

　　英國皇家海軍在十九世紀中至二十世紀中期間從中國帶回祖家的，當然不止這些旗幟和織品。該館館員亞倫・賈弗和斯圖亞特・布萊（Stuart Bligh）的文章，介紹了許多曾在中國服役的英國海軍捐贈該館的文獻和物品，包括航海日誌、筆記、家書、照片、油畫、海圖、勳章、漆盒、船模，甚至一枚中國的炮彈、一把日軍的太刀。這些物品既如旗幟一樣涉及戰爭，但也反映了軍人的日常生活，以及和本地百姓相處的點滴。要明白為什麼英國海軍會在中國留下這許許多多的足跡，便得了解英國皇家海軍 1841 年至 1939 年間在中國沿海的部署，這在鄺智文的論文中有十分詳細的論述。

　　對於修復人員來說，這面或那面旗幟到底是屬於李軍長還是十五仔的，並不那麼重要，它們最重要的特性，在於它們按材質分類皆屬「織品」（textile）。無論什麼藏品轉到他們的部門，都會得到一視同仁的悉心護理。英國國家海事博物館的高級織物文物修復員妮古拉・耶茨（Nicola Yates），在該館服務多年，這批中國旗幟和織品就是她和她的工作團隊多年來利用與時並進的技術修復和保養的。也就是在嚴格按照專業倫理和守則修復文物的過程中，文物的年代信息得到進一步的挖掘。這些相對客觀的文物信息，是歷史學者將文物和文獻結合研究進一步解說和詮釋的不可或缺的前提。如果連該面旗幟的材料和工藝的生產年代也無法確定，學者如何能作下一步的分析和推論呢？

　　英國國家海事博物館藏的中國文物，較諸其他歐美藝術或綜合博物館而言，數量和精美程度都無法同日而語，所謂的「中國文物」（Chinese objects），在英國國家海事博物館龐大的藏品量中本來就微不足道，由是信息有限，也不足為怪。但這批「中國文物」最顯著的特色，在於有不少物品來自英國皇家海軍人員。這些由不同軍階和背景的外國海軍人員從世界各地帶回祖家的物件，如果一直留在家中，也許會成為家庭的珍藏，也許會被轉手、拍賣、遺棄，最終流落到

與物品和物主毫無關係的人的手中。也有像這十七件織品的，被直接或間接轉贈或寄存到公營博物館，然後被分類、歸檔、修復、保存。有幸能配合某個主題說出個故事來的，便會被放到展廊裏展出，否則就長年置於倉庫，不見天日。早期的博物館被調侃不過是「珍品飾櫃」（cabinet of curiosities），後來博物館愈趨專業，研究人員盡力搜羅資料，務求為每件文物增補更多信息。這十七件織品本來是散落在不同時日、不同空間的單件，入藏博物館後，逐漸用「中國旗幟」（Chinese flags）的名目將其中十六件統稱起來，而那件本不屬於「中國旗幟」的「華蓋」，也因為既屬於中國織品並在史事和人物上有所關聯，經常與旗幟相提並論。[2]

　　如果要問這十七件中國織品到底對我們學習歷史有什麼啟示，可能就是當我們在背誦鴉片戰爭、太平天國、庚子事變、軍閥割據等史事的人物時間地點原因經過結果時，還不要忘記，在這一個又一個的戰場上，曾散落了許多物品。它們大部分被淹沒在烽火和泥沼之中，有極少量被撿拾了，變成我們可茲利用的史料，但在我們拾起來用以重組過去的時候，得先弄清楚它們「是」或「不是」什麼，有助解答什麼問題，能帶出什麼我們沒有想過的問題或事實。歷史是過去，逝者如斯，一去不返；但用以研究歷史的歷史學，則要求我們不斷地問：「過去真的是如此嗎？」換一個說法，就是：「記下來的過去還有另一些可能性嗎？」歷史學，從來都不是把答案硬塞到我們的腦子裏的神話，而是要求我們學會提出問題，學懂明辨慎思的學問。

2　近三十多年有關「物」文化意涵的論述，當數 Arjun Appadurai 主編的 *The Social Life of Things: Commodities in Cultural Perspective* (Cambridge: Cambridge University Press, 1986) 一書最為人樂道。

Kaiguang, as doing so could help the British boast about their triumphs. Inadvertently, such "claims" also add value and credibility to the two objects, providing evidentiary support for the subsequent work on tracing their ownerships (see Ching May Bo's chapter).

As for the flag containing the eight characters "*Yuejun Diyi Shi Shizhang Li*" (Li, the Divisional Commander of the First Division of the Army of Guangdong), it is all but logical to say that it belonged in the early 1920s to Commander Li Jishen, right? Except that according to information provided by the NMM, this flag was acquired in 1926, while the first division of Canton (at least in terms of nomenclature) had already ceased to exist since 1925 due to reconfiguration. We could of course speculate that this flag dates further back to before 1925, but based on the clues drawn from both Chinese and English files obtained by Zhu Zhilong, this flag could have been a "counterfeit," because under some circumstances, a forged flag of admiral Li might have exerted some special beneficial influence. As such, we can conclude that history cannot be fully validated by either pictures, symbols, or words alone.

What the British Royal Navy brought back from China between the mid-nineteenth and mid-twentieth centuries was, of course, not limited to these flags and textile objects. The chapter by Aaron Jaffer and NMM curator Stuart Bligh introduces numerous documents and artifacts donated by members of the Royal Navy who served in China, including seafaring diaries, notebooks, letters, photos, oil paintings, maps, insignias, ink boxes, model ships, and even a Chinese cannonball, along with a Japanese army katana. While these objects point directly to the wars, much like the flags, they also show glimpses of the military personnel's daily lives and interactions with the local people. To understand why members of the British navy would leave so many footprints in China, we ought to first comprehend how the Royal Navy deployed forces along the Chinese coast between 1841 and 1941, which has been detailed in Kwong Chi Man's chapter.

From the conservators' perspective, to whom these flags belonged—be it admiral Li or Shap Ng Tsai—is not as important; what is most important is that they all fall into the category of "textile items." In fact, conservators treat every object crossing their desks with the same utmost level of care, regardless of their type or value. Having worked at the NMM for a number of years, senior curator Nicola Yates and her team have been dedicated to conserving and maintaining the collection of Chinese flags and textile artifacts by the use of cutting-edge technologies. It is through following a stringent protocol and a professional, ethical process of conservation that each artifact may be dated. This piece of relatively objective information serves as a precondition for historians and history scholars to connect the artifacts to the literature. Imagine if the flags' materials and era of craftsmanship could not be ascertained, how could scholars make further analysis or inferences?

In truth, the NMM's collections of Chinese objects pale in comparison with their counterparts in other art or general museums in Europe and America in both quantity and quality. As what the NMM calls "Chinese objects" make up a rather insignificant part of their immense collection, their lack of information is therefore not surprising. What is most unique about these "Chinese objects" is that a significant number of them came from members of the Royal Navy with different ranks and backgrounds. Had they kept the objects they brought back from around the world to themselves, perhaps the objects would become treasures of inheritance or be passed on or sold to others, or be auctioned off, discarded, and end up in the hands someone completely unrelated to either the artifacts themselves or their initial owners. Perhaps some—like the seventeen Chinese objects at the NMM—would end up being directly or indirectly donated or entrusted to the custodianship of public museums, and, there, they would be categorized, filed, restored or conversed, stowed, and, hopefully, one day, if they perchance fit a certain themed narrative, they will be showcased in an exhibit, or otherwise remain in the darkness of a warehouse. Early museums were often derided as nothing more than a "cabinet of curiosities," until conservators became more professional, doing their utmost to curate and research, in an effort to give every artifact as much supplementary information as possible. The seventeen textile items at the NMM were once singular items that became scattered at different times across different places. As they entered the collection of the Museum, they gradually formed a sixteen-item category of "Chinese flags." As for that "parasol" which should not be classified as a "Chinese flag"— because it is a Chinese textile item, and is historically relevant to the same batch of events and people, it gets mentioned with the rest of the collection.[2]

Ultimately, what lessons can the seventeen Chinese textile artifacts teach us regarding the learning of history? Perhaps simply this: as we learn by memorizing historical facts— for example, the belligerents, times, locales, causes, course of events, results, etc.—of the Opium Wars, the Taiping Rebellion, the Boxer Rebellion, the Warlord Era, etc., we should also be mindful that those battlefields after battlefields were once strewn with countless objects, most of which have been burned or buried under layers of mud and soil; only a very small amount of objects have been picked up and become what we now use as historical materials. However, as we use them to chronicle the past, we ought to first discern what they "are" and what they "are not," what questions they might help answer,

---

2   Among the studies of the cultural meanings of "objects" over the last few decades, Arjun Appadurai's edited volume *The Social Life of Things: Commodities in Cultural Perspective* (Cambridge University Press, 1986) is considered a preeminent classic.

and what unforeseen realities or problems they might illuminate. Indeed, history is about the past, and what has passed cannot simply be restored, but historiography, which is the research of history, demands that we constantly question and scrutinize past truths. In other words, "could the recorded past have alternative truths?" Historiography is never a mythology that force-feeds us correct answers. Rather, it prompts us to learn to ask questions and develop critical thinking.

鳴謝

　　本論文集得以完成，首先須感謝廣東革命歷史博物館楊琪館長的信任。在該館的支持下，委託我在 2018 年 12 月 6 日至 7 日於香港城市大學中文及歷史學系組織「威權的象徵：英國國家海事博物館藏中國旗幟學術研討會」，邀請英國國家海事博物館和廣東革命歷史博物館的館員，內地、香港及澳門的學者，共同探討這批旗幟和織品的歷史。與會者基於各自的專長，為會議撰寫文章，並惠允在此論文集出版。其中，姜鳴的文章，曾於 2019 年第 5 期的《軍事史林》刊登，而吉辰及本人的文章，亦曾在 2020 年第 3 期的《學術研究》出版。

　　為使本論文集得以順利出版，英國國家海事博物館的館員 Beatrice Okoro 及 Aaron Jaffer 曾多番聯繫，妥善處理版權事宜，讓我們免費採用由該館提供的全部圖片，在此須特別鳴謝！

　　在編輯論文集的過程中，四篇英文文章皆由我的博士生陳瑩女士翻譯成中文，中文導言乃由謝基信先生翻譯成英文，並經中華書局（香港）有限公司英文編輯楊安琪小姐潤飾；陳瑩還承擔了許多編輯和聯繫工作。在廣東革命歷史博物館人員赴英國交流時，由時任副館長黎淑瑩、館員周瑤和楊彥立主力組織，並得歐冬紅博士予以協助。在香港舉辦學術會議，得到澳門大學茅海建教授特別光臨與點評，為會議增色不少。籌辦會議期間，得學系職員夏麗珍女士操持各種事務，並得研究助理謝欣女士及博士生 Edijana OBIAKPANI-GUEST 協助。如今，陳瑩和 Edijana 皆已畢業，應稱為博士了。本論文集最後順利出版，尤得中華書局（香港）有限公司的總經理兼總編輯侯明女士、副總編輯黎耀強先生的鼎力支持。謹在此向上述諸位一併致以由衷的謝忱！

編者 程美寶 謹識

2023 年 3 月 31 日

英國國家海事博物館藏中國旗幟的保養與修復

妮古拉·耶茨（Nicola Yates）
英國國家海事博物館
（陳瑩翻譯，程美寶校訂）

英國國家海事博物館館藏旗幟約一千面，時間跨度長達四百多年。較早期的有十七世紀中的英格蘭聯邦旗（Commonwealth Standard），較晚近的例子則有二十世紀五十年代投入使用的聖三一樓艦旗（Trinity House Ensign）。旗幟的面積亦大小不一，大至在特拉法加海戰獲取的西班牙軍旗（Spanish Ensign from the Battle of Trafalgar，1805），有 14.5 米乘 10 米之鉅，小至面積只有 120 毫米乘 158 毫米的聯合王國小桌旗，不一而足。[1]

作為博物館裏織物文物修復員，我的工作是幫助照管和保存織物藏品。這些工作包括：從預防層面，確保藏品得到良好存放與照管；從較具干預性的方面出發，我們會對個別的、需要維護的藏品進行修復，以備未來使用。涉及博物館的其他工作如搜羅和收購、儲存、展覽和借出藏品等，我們也會提供意見。

本文集中介紹本館收藏的十六件中國旗幟和一件刺繡傘蓋織品，尤着重討論其材質、製作方法，以及我們如何保管與維護。接下來我會詳細地討論其中四件藏品的修復工作。

一、館藏中國旗幟的製作工藝與材質

在館藏十六枚中國旗幟中，十三枚是繪製或鍍上金屬塗層的，一枚是刺繡的，一枚是縫製的，還有一枚是用類似蠟染法的抗染技術來裝飾的。

1　譯按：此處提及的四面旗幟的藏品編號分別為：AAA0800、AAA0567、ZBA4342 及 ZBA1268，圖片及詳情見英國國家海事博物館官方網站 https://collections.rmg.co.uk。"Commonwealth Standard" 是指「英聯邦」時期（Commonwealth Period，1649-1660，由英格蘭、威爾斯，其後加上愛爾蘭和蘇格蘭共同組成的共和政體時期）使用的旗幟；「聖三一樓」是十六世紀在英格蘭建立的以維護航海人員福祉及海事安全為己任的一個機構。

編號 AAA0518、AAA0523、AAA0524、AAA0525、AAA0526 等五面中華帝國時期（譯者按：即清朝）的中國帆船旗幟，均為畫有四爪龍的三角旗。它們用素色編織絲綢製成，中心部分配有多種顏色的圖案，四周圍以紅色鋸齒狀邊緣，一側配有藍色棉質杆套。圖形有的是繪製而成，有的則是鑲金或鑲銀而成，並托以發白的底裏。

編號 AAA0519 及 AAA0521 這兩幅旗幟也是三角形的，但其風格與剛才的不一樣。第一幅是錦織雲紋的綠色絲綢，飾以金色和銀色的龍，配有繞以祥雲的珍珠圖形。第二幅是由綠縐綢織成的絲綢緞錦，圖案與第一幅相若，但增添了文字，而金箔是貼在紅土塗料[2]上的，兩幅旗幟都有一些細節是用墨來增添的。

編號 AAA0559 和 AAA0727 這兩幅方形旗幟設計幾乎相同，都有一隻綠眼、帶翅的飛虎持着閃電，四邊圍以焰舌圖案。第一幅是由藍緞編織的絲綢製成，帶有藍色亞麻杆套，並有六套棉質結帶；第二幅由奶白色緞子織成的絲綢製成，杆套用素色織亞麻製作。藍色方旗現正在英國國家海事博物館的「貿易者展廳」（Traders gallery）展覽。

編號 AAA0520 和 AAA0522 是兩幅清朝的帆船信號旗（編者：關於這兩個條幅的功能的另一推斷，見本文集楊彥立文）。第一幅由紅色、黃色的絲綢緞錦製成，縫有雲紋圖案，還有四個可能用銀箔製成的三爻符號，大小為 150mm x 1m。第二幅信號旗由素色織布、帶有鋸齒狀邊緣的橙色絲綢製成，近杆套部分飾有陰陽標誌、三爻符號，末端有雲和飛翔的火焰圖案，大小為 177mm x 3.4m。

編號 AAA0554 和 AAA0552 可能是館藏中國旗幟中裝飾圖案最繁雜、面積最大的兩張。第一張可追溯到 1849 年，原來認為是屬於中國海盜十五仔，但更可能是懸掛在他艦隊其中一艘帆船上的神像。第二張相信是與太平天國有關的旗幟，年份約為 1862，由素色織布奶白色絲綢製成，四邊圍以紅色的絲製條帶，上方邊緣帶有杆套。旗幟中央有一紅色大字「陳」字，可能是太平軍領袖陳玉成的象徵（編者按：關於此旗是否與陳玉成有關，可參見導言）。「陳」字的四周環繞着大量的佛教符號，顏色悅目，皆繪在旗幟的一面。值得探討的是，繪上紅色的部分，布料損毀比較嚴重，我們猜測可能是顏料的某些成分導致纖維降解，

2　這種紅土塗料有助金箔的顏色顯得更豐潤溫暖。

或是被紅色顏料吸引的害蟲所造成的破壞。

　　編號 AAA0561、AAA0459 和 AAA0527 這三張展示了十九世紀末至二十世紀二十年代中國旗幟的製造材料與方式的多樣性。AAA0561 是一幅黃色絲綢製作的三角旗，應為晚清的海軍軍艦旗，可追溯至 1866 年至 1888 年間，圖案以各色絲線用手工繡製，還有一個棉質的杆套。編號 AAA0459 是一幅黃色的矩形旗，也是晚清的中國海軍軍艦旗，可追溯至 1888 年至 1912 年，由羊毛布料製成，旗上縫有染色棉布做成的祥龍圖案，摸起來還有手工縫製細節的添加物，而旗幟本身則是機器縫製的。AAA0527 是由附於同一個杆套的兩幅旗組成，可追溯至約 1926 年。這幅旗子面積較大，上有「粵軍第一師師長」幾個小字，以及一個很大的「李」字，即時任粵軍第一師師長的姓氏。棉布旗子上的圖案和字是用防染工藝染色的，有可能類似蠟染法，因而字體在藍底的布料上是呈白色的。旗幟整體以機器縫製。

　　編號 AAA0547 是一把慶典用的華蓋，據說可追溯至 1857 年以前。華蓋整體呈圓柱狀，圓形頂蓋以亞麻製造，圍幅以三塊紅色絲綢層層連成，以絲線和金線密密麻麻地繡上各色花樣。每層圍幅的底端都圍有一條黑色緞錦絲帶，較低的一層更加上了長長的絲穗。此外，華蓋外還繫有兩條白色的、鑲邊的絲質飾帶，蓋頂中部則有一個套子用來撐傘杆。

二、存放地點與專業守則

　　這十七件中國織品（即十六枚旗幟織品和一把華蓋）存放在英國國家海事博物館的新保管中心和倉庫，即菲臘親王海事收藏中心（The Prince Philip Maritime Collections Centre, PPMCC）。中心位於吉布魯克（Kidbrooke），距離主博物館幾英里。保管部門在 2017 年左右遷到這棟建築，藏品則約在六至七個月後才移往該處。

　　PPMCC 有兩座主要的織物存儲處，一處儲存捲式的、加框的織物（圖 1），另一處存放制服藏品，以及平鋪的、盒裝的、不能被捲起的物件（圖 2）。倉庫保持恆溫恆濕，同時也保護藏品免受光照。

　　捲起的織物主要以滾筒分裝系統儲存，是一種經濟和靈活的空間利用方式。

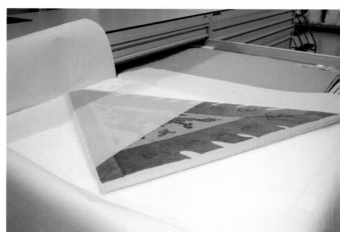

織物捲以一層層的無酸薄紙，再捲在最好也是用無酸材料製作的硬紙空心筒上。空心筒架在鋁棒上，而鋁棒則由可移動的托架支撐，再以可移動的支架置在網格上，空間因而容易調整。部分以框架保存的織物，也是置在這些網格上的。

許多繪製的織物，包括一些中國旗幟，因為有繪有顏料或有金屬塗層，並不適合捲起儲存，因此較小的織物就置於無酸資料夾，再保存在多層文件櫃裏（圖3），較大的旗幟儲存在特製的無酸紙托盤裏，再放進多層文件櫃中（圖4）。

PPMCC 有一座新的織物保管工作室，空間的使用頗為靈活多變，光線充足，有大型的可移動桌子和架空抽氣裝置（overhead extraction），還另闢一區作織物染色用。

大凡進行修復工作，我們都遵循一套基本的原則，包括：

· 遵循國家認定的倫理守則；

· 保護藏品時，採取最小干預原則；

· 保護和修復的技術與材料，須體現「可逆性」的觀念；

· 詳細記錄藏品的整個修復過程。

三、修復個案一：AAA0519

在館藏十六種中國旗幟織物和一個中國華蓋中，有七件得到修復，本文只討論其中四個例子。AAA0519 是在 1984 年修復的，當時還沒有數碼照片，故附圖中除了最後一張外（圖 5），其他都品質不佳。

這面旗幟可追溯到 1842 年，大小為 1.7 米 x 1.4 米。它由一匹漂亮的綠色絲綢緞錦製成，上面編織着祥雲圖案，在不平整的切邊上還附着一些藍色棉布碎片，可能是杆套的一部分。如果是這樣的話，這幅旗幟是以偏斜的方向飛揚，現存的織邊或鑲邊乃上方的斜邊，另一斜邊已磨損且纖維已散開，但仍然留下曾經折疊到背面、縫補過的痕跡，還有許多鬆散的紅、綠絲線，我們或可據此猜測，這面旗原先有個紅色的、鋸齒狀的邊緣。

杆套的頂部與底部的角落都打了結，儘管底部的這個已經散開。這面旗幟是單面的，只有其中一面飾以一條精心設計的金銀色龍，融入了大量中國符號，附加細節以黑色的墨或顏料繪製。

從旗幟的背面可見（圖 6），錦緞中穿插着一些黑色線條的污跡和浸跡，錦緞的表面有褶皺和嚴重的摺痕，尤其是邊角打結的地方，但整體來看，除了缺損的部分和邊角磨損外，絲綢本身狀態良好。

圖 7 顯示金色與銀色的區域皺得很厲害，到處都有裂紋，已有好幾處缺損。金色和銀色的部分非常薄，磨損的部分露出微紅色的裏層。鍍金層嚴重「翅曲」（cupping），意思是碎片的邊緣開始捲起來，有可能隨時破損遺失。

在顯微鏡下檢視，綢緞上似乎沒有任何染色的底層，但有一層相對厚和清晰的微紅色，似乎直接置於綢緞上，用作金箔和銀箔托層（size layer）。我們抽取了其中一些樣本，交由英國國家畫廊分析，發現是中國漆和桐樹油薄層的混合物。這個分析結果很有意思，因為亞麻籽油防水的特性與桐油的柔韌性結合起來，是供航海用途使用的旗幟的最佳防水材料。

圖 8 展示的是顯微鏡下微紅色的托層，以及金箔和銀箔是多麼的薄。

經細緻分析後，我們用低功率的吸塵器和軟刷清除了旗幟表面的灰塵，在靠近鬆脫的金箔銀箔時，必須格外小心。

我們曾經希望能以濕法清洗旗幟，因為它有利於絲綢的保養，並且可以幫助弄鬆和重新對齊織物的經緯，但現在我們已盡量少用濕法清洗。

　　染料和繪有顏料的部分經測試後，證明在清洗溶液中能保持不變，儘管有些塗有顏料或清漆的層會輕微膨脹，但是不會溶解。可惜的是，紅色污跡也非常穩固，未能除去。

　　那些鬆散且有時捲曲的顏料或清漆碎片，採用潤濕的棉絨做局部處理，軟化顏料，以便能用鏟鐵燙斗輕輕地燙平，但同時也注意切勿壓平厚塗部分。Beva 371 再次作為加固劑使用。

　　在濕式清洗時，旗幟放置在一個小型的簡易容器裏濕洗（圖 16）。

　　過去，我們曾熱衷用濕洗法處理絲織品，既可改善絲綢和繪畫部分嚴重皺摺的情況，又有助將織物經緯對齊，提高酸鹼值（PH）。在濕洗時，Beva 371 發揮保護層的功能，但這次它將把表層剝落，而塗了顏料或清漆的層面也輕微膨脹，證明效果稍為遜色。這可能是由於 Beva 371 在濕洗前沒有加熱處理所致。如今我們不太會這樣嘗試去濕洗這類旗幟了。

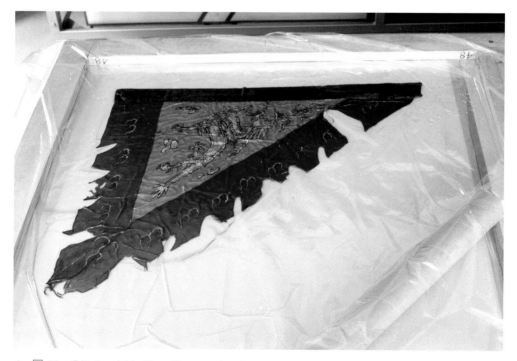

圖 16　©National Maritime Museum, London

　　由於邊緣上的裂縫主要集中在局部的位置，我們決定用縐紗（Crepeline）承托以縫合修補。縐紗是一種幼細的、半透明的絲綢，容易染色，能與物件原來的顏色交融。

　　圖 17 中可見我們將染色的縐紗剪成合適的大小，縫在兩邊以承托裂縫，並採用染色的縐紗抽出的絲線來縫補。

　　圖 18 展示了修復後的旗幟，其後縫在一塊布板上置於展覽廳展示。

⊼　圖 17　©National Maritime Museum, London

⊰　圖 18　©National Maritime Museum, London

五、修復個案三：AAA0554

　　個案三是一直被認為屬於中國海盜「十五仔」的旗幟。在平織的棉布上，繪製了不同顏色的圖案，並配有一條藍色的棉布杆套。旗上繪有一個坐在神獸上的人物，據說是紫薇大帝，四周還有許多象徵圖案。旗幟上方還寫有「天后聖母」四字。天后被視為平息風暴與海上商貿、漁民與水手的保護者。

　　旗幟約 2 米高、3 米寬，由 6 幅淺褐色、平織的棉布構成，右邊裝有一個藍色的棉布杆套，接縫以絲線用手工縫製。旗幟的繪圖兩面可見，圖案輪廓以黑色的顏料或墨水勾勒，圖案則以油性顏料上色，如今已經變得暗淡褐色（圖 19）。

　　旗幟整體情況實際上已十分脆弱，尤其是淺棕色的部分。顏料已經嚴重耗損，甚至多處有輕微剝落，中間已經褪色，遇水即可溶解。

・ 這幅旗幟已經多次修復，歷次修復的具體時間已不詳，推測大概可分成三個階段：旗幟上方飛角以棉布修補，應該是在旗幟還在使用時便已經完工的。

∧ 圖 19　©National Maritime Museum, London

六、修復個案四：AAA0727

這是一面年代可追溯到 1857 年的帶翼虎旗，旗上繪有一隻綠眼睛、金翅膀的老虎，抓着閃電，四周環繞着火舌。這些圖案似乎上了金箔，並且很可能是在一層細紅土上做的，儘管金箔似乎有兩種明暗度不同的色調，分別為黃色和偏綠的金色。輪廓和圖形都是用黑色顏料繪畫，眼睛則用綠色和白色，尤顯突出。旗幟大小長 1.6 米，寬 1.7 米，用由乳白色的綢緞織錦製成，旗桿部分則以平紋編織的麻布製作。

這次修復工作是我和以合約方式聘請的瑪麗蓮・立德（Marilyn Leader）在 2010 年完成的。這也是我們最近修復的中國旗幟。

旗幟狀況甚差，到處都有裂痕和脆弱的部分（圖 30 及圖 31）。絲綢十分脆弱，部分已開始化為粉末。一些裂痕是由繪製和未繪製部分之間形成了拉扯的狀態而造成的。

旗幟兩面都非常骯髒。圖 32 所示的這面，由右上到左下的對角線上污跡尤其深黑，與桿套處的情況基本一致。除了旗幟表面和已經深入內部的污漬外，還有油漬部分，很可能是貼金箔的過程中使用的樹脂所致。

絲綢表面和金箔部分已有相當程度的磨損，上方部分旗桿布筒與旗幟間的縫口，則有先前的修復痕跡。

完成了記錄工作後，旗幟的保養工作便開始了。首先去除表面的髒污，使桿套和旗身的褪色情況有所改善。

我們在繪製和鑲金的層面開展測試，企圖找出最有效的清潔方法，最終證實了唾液中的酵素（酶）是最奏效的清潔劑。因此，我們用脫脂棉籤沾以酵素，擦拭繪圖的部分，再用純淨水進行局部清洗。這個方法移除了大量的灰色污漬。

我們還採取了不同的測試去決定我們是否能夠濕洗旗幟。我們把一小片已經剝離的碎片浸到純淨水裏，但絲綢經紗太幼細，無法分解，於是我們知道這個方法不能繼續了。然而，我們發現硬質橡皮擦頗為奏效。我們用橡皮擦在旗面沒有繪畫的部分順着綢緞紗線的經緯擦拭，有助進一步移除污漬。

用作承托的是切皺絲綢襯底（Silk Crepeline），以 Huntsman Lanaset 染料染上接近旗幟的顏色。跟過去的做法一樣，襯底被固定在一個木製框架上，噴灑 18 層 Beva 371 黏合劑（圖 33）。

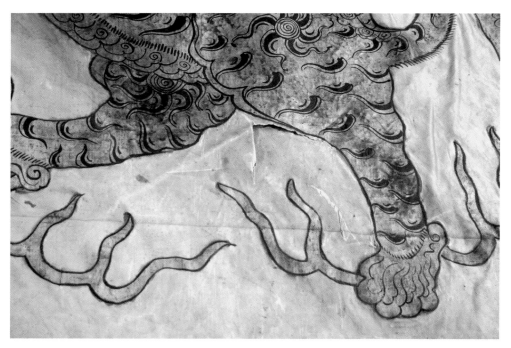

⋀　圖 30　©National Maritime Museum, London

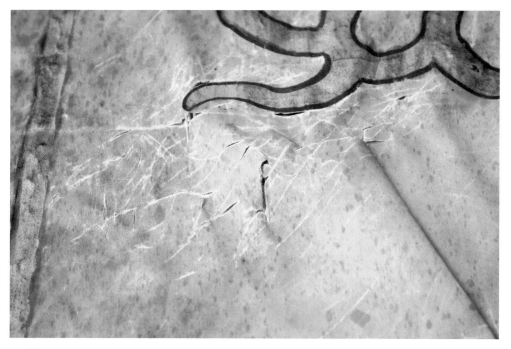

⋀　圖 31　©National Maritime Museum, London

在藏品本身用一小片噴灑了 Beva 371 的襯底作測試，以便知道應該噴灑多少層，也是非常重要的。因為其間的變數甚多，例如噴灑的方式和速度、噴灑的距離，以及皺絲綢襯底要承托的物料性質等等。

噴灑了 Beva 371 的襯底最好能用上幾天時間乾透，接着，將之從木框上切割下來，將噴塗了的一面朝下，置於旗幟的反面上，經緯對齊。從中間部分開始，用鏟鐵將襯底在旗幟的背面作定型處理，小心地順着裂痕和絲線經緯進行，對旗幟的起伏處也加以平整。

圖 34 展示了這個工序，唯圖中所處理的是制服的襯料而非旗幟。

黏合工序頗為奏效，絲綢變得穩固，變形的地方得到很大改進，儘管旗幟本身還是相當脆弱。

圖 35 及圖 36 展示了旗幟後面已部分托有皺絲綢襯底，儘管旗幟表面因而變暗，但圖案的能見度則得以維持。

當整面旗幟都用襯底托好後，便會置於一塊布板上。這塊底板有一層加厚的聚酯墊料，為旗幟的中心部分和杆套邊緣處的完整與變形提供額外的支撐。

◣ 圖 34
©National Maritime
Museum, London

圖 35　©National Maritime Museum, London

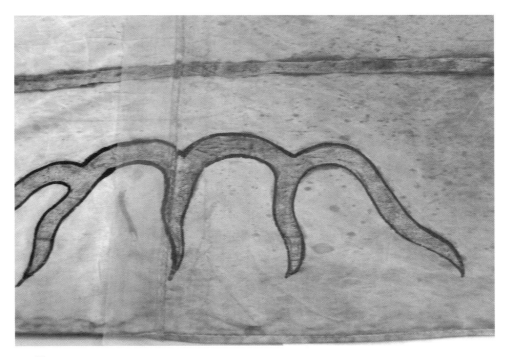

圖 36　©National Maritime Museum, London

在底板的背面，還蓋以一層特寬的染色棉布。

接下來，我們沿着旗幟的外部邊沿，將之縫在底板上，在杆套的內沿和中間沒有繪畫圖案處，加上額外的縫線，使其得以進一步固定。最後，會裝上木框和鑲嵌玻璃。

比較圖 37（修復前）和圖 38（修復後），可見旗幟修復前後的情況。

小結

上述四個案例展示了英國國家海事博物館如何保護、保養和修復館藏旗幟。保養和修復技術不斷地發展，繪製織物是一個尤為複雜的領域，既要處理繪畫，也要處理織造品，各有自身的製作過程，因此在保養和修復時也各有挑戰。當繪畫和織造品加在一起，意味着相對堅實的、多層次的繪畫部分與柔軟的織物物質結合起來，人們也總是期待有關物品能承受各種的天氣情況。

要提高如此複雜的物品的保養和修復技術，關鍵在於明白我們到底在處理什麼材料，因此，我們需要進一步研究製作旗幟所用的染料與顏料。

圖 37　©National Maritime Museum, London

圖 38　©National Maritime Museum, London

從三角到長方龍旗：清季水師旗式的演變

楊彥立
廣東革命歷史博物館

一、引言

英國國家海事博物館是世界上以海事為主題，規模較大、遊客訪問量多的專題博物館，在海洋史、海戰史、船舶研究和水下考古等領域具有重要影響。該館藏有十七件統稱為「中國旗幟」的織造品，為中國博物館或研究機構鮮見。其時間跨度為第一次鴉片戰爭至民國初年，來源不一，形式多樣，保存狀況較好，對研究中國晚清和民國時期的歷史具有重要意義。

廣東革命歷史博物館一行四人，在 2017 年訪問該館。[1] 經實地查看文物及相關檔案資料，我們得以掌握這批藏品的一些基本信息，包括年代、尺寸、質地、工藝、保存狀態、部分旗幟的捐贈者信息、流轉經過等，但對文物所反映的歷史信息仍有存疑之處。根據英國國家海事博物館提供的文物資訊顯示，其中十一面比較能確定是清朝官方使用的旗幟，這當中有七面為清代水師船旗。筆者通過查閱國內的文獻檔案，並結合目前學界關於黃龍旗的研究成果，一方面試圖挖掘這十一面旗幟所反映的歷史信息，另一方面系統梳理清季水師旗式不斷演變與形成規範的過程，通過實物與文獻結合的方式印證晚清中西交往中的制度變遷。

為方便分析，該批清代官方使用的旗幟按形制和圖案約可分為四類。其中，編號為 AAA0518、AAA0523、AAA0524、AAA0525、AAA0526 的五面旗幟（圖 1）形制大同小異，均為三角形，長寬各 100 厘米左右，用絲綢手工縫製而成，底色為藍色或黃色，帶有紅色鋸齒狀邊緣和一個藍色棉質的旗杆套，旗中央有一條金銀色的雲蟒（四爪龍形）和珍珠狀圖案，四周縈繞着明亮的祥雲。

另一類為條形織品（圖 2），均為手工製成，博物館以「Imperial Chinese junk pennant」為名登記入藏。其中編號為 AAA0520 的條幅為錦緞絲綢質地，有四組

編號 AAA0518

編號 AAA0523

編號 AAA0524

編號 AAA0525

編號 AAA0526

圖1：雲蟒三角旗　©National Maritime Museum, London

圖2：編號 AAA0520（上），AAA0522（下）（飄帶）
©National Maritime Museum, London

圖 3：編號 AAA0559（左），AAA0727（右）（飛虎旗）　©National Maritime Museum, London

黃色條紋，一端是燕尾狀，長寬約 15 x 100 厘米；AAA0522 為橙色絲綢質地，繪有陰陽標誌，邊緣呈鋸齒狀，長寬約 17 x 340 厘米。

上述七件織造品，以及不在本文討論之列的編號 AAA0519 的三角龍旗，均為參加第一次鴉片戰爭的英軍軍官掠得，捐贈人為曾擔任英國皇家海軍駐印艦隊指揮官的羅伯特・奧利弗（Robert Oliver, 1783-1848）。

該批藏品中有兩面為正方形的飛虎旗（圖 3），編號為 AAA0559 及 AAA0727，手工製作，絲綢質地，邊緣有棉質旗杆套，旗面中心均繡有一隻雙翼的老虎，老虎圖案上貼着金箔，老虎四爪握着四道閃電，眼睛呈綠色，長寬約 150 x 170 厘米。據館藏記錄，是 1857 年 12 月英法聯軍進攻廣州城時掠奪所得。這兩面旗幟保存狀態良好，十分精美。

這批藏品中還有兩面是五爪龍形圖案的旗幟（AAA0561、AAA0459），一面為三角龍旗，一面為長方龍旗。編號 AAA0561 的旗幟為雙面三角形，黃色絲綢機器縫製，長寬約 90 厘米，旗面上有手工縫製的一條五爪青龍和紅色太陽，邊緣有棉質旗杆套。編號為 AAA0459 的旗幟為長方龍旗，質地為羊毛，旗幟主體為機器製作，部分細節以手工縫製。旗上繫有一根繩子用於升旗。旗的底色為黃色，上面縫有一條五爪青龍，左上方有一輪紅日。龍的牙齒、犄角、爪子用白色棉質材料縫製上去，龍眼的瞳孔用黑色毛氈縫製。這兩面旗幟質地、工藝各不相同，龍的形狀也差異較大。

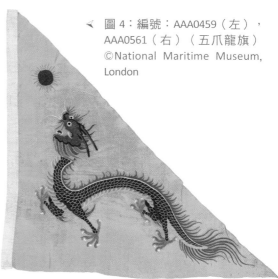

◁ 圖 4：編號：AAA0459（左），
AAA0561（右）（五爪龍旗）
©National Maritime Museum,
London

　　嚴格來說，上述織品中的九面旗幟都不能視為清朝的「國旗」，而是清代的軍旗，更具體來說是水師使用的旗，而最後的兩面五爪龍旗（AAA0561 和 AAA0459），則反映了清末國家符號的變化，也與後來確立以「黃龍旗」代表大清帝國息息相關。近年有關清代旗幟的研究有不少成果，[2] 下文謹利用這些成果，結合相關文獻，就清代軍旗的演變和清末龍旗的使用與規範過程作一論述。

2　相關研究成果如：小野寺史郎的《國旗、國歌與國慶：近代中國的國族主義與國家象徵》（北京：社會科學文獻出版社，2014）、周遊的《象徵、認同與國家——近代中國的國旗研究》（華東師範大學 2016 年博士論文），這兩種著作主要論述民國國旗的內容，但各有一章涉及到清末的黃龍旗。施愛東在《中國龍的發明：16－20 世紀的龍政治與中國形象》（北京：三聯書店，2014）的「哀旗不幸，怒旗不爭：大清龍旗 50 年」一章中也對晚清龍旗做了專門論述，這些章節都討論了黃龍旗作為國旗的確立過程及使用規範。此外，有關海軍、船政的研究專著也涉及到旗幟的問題，如姜鳴的《中國近代海軍史事日誌》（北京：三聯書店，1994）和《龍旗飄揚的艦隊》（北京：三聯書店，2012）；陳銳的《船政史》（福州：福建人民出版社，2016）、辛元歐《中外船史圖說》（上海：上海書店，2009）、梁二平《敗在海上：解讀中國古代海戰圖》（北京：三聯書店，2016）等。專門討論黃龍旗的論文則有：汪林茂〈清末第一面中國國旗的產生及其意義〉（《故宮文物月刊》，1992 年第 10 卷第 7 期）；王小乎〈中國近代史上第一面國旗——黃龍旗〉（《南京史志》，1998年第 2 期）；王記華〈北洋海軍旗幟小考〉（《現代船舶》，2005 年第 11 期）；施愛東〈哀旗不幸怒其不爭：晚清龍旗 50 年〉（《民族藝術》，2011 年第 1 期）及〈大清龍旗飄揚五十年〉（《國學》，2013 年 03 期）；賀懷鍇：〈符號與國家象徵：晚清黃龍國旗研究〉（《海南師範大學學報》，2016年第 10 期）；周遊〈黃龍旗與現代國家想像：晚清的「國旗」、象徵與民族主義〉（《學術研究》，2020 年第 5 期）；王蓮英〈張蔭桓與近代國旗形式改革〉（《蘭台世界》，2010 年 13 期）；齊廉允〈龍旗飄揚：北洋海軍東亞巡航記〉（《文史天地》，2016 年第 12 期）。這些文章從不同視角論述了晚清「國旗」的產生及所代表的國家符號，但在「國旗」確立前，特別是鴉片戰爭前後，清朝水師使用的旗幟式樣則較少論及。

二、鴉片戰爭前清政府關於軍旗的規定

「旗，表也，所以表明其中心」。[3] 中國古代的旗幟並非國家的象徵，而是具有表中心的功能，用於軍事指揮和表明身份。戰國時，墨子守城就利用旗幟的指揮作用，「守城之法，木為蒼旗，火為赤旗⋯⋯」。[4]《詩經》、《國語》等都有關於龍旗的記載。中國古代的旗幟大體有顏色旗、圖像旗和字體旗幾種。隨着歷史的發展，圖像旗的形式圖案愈加豐富，在唐宋之際，龍旗開始成為眾旗之首，旗之制三十有二，「一曰青龍旗、二曰白獸旗、三曰朱雀旗⋯⋯」。[5] 在古代戰爭中，旗幟還用來表明身份，如將領的將旗，一般都是以姓書於旗上，表明這支軍隊的所屬。

使用黃龍旗的記載，較早見於明代。明宣宗時期，兀良哈率萬騎入侵邊關，「上以數百騎直前，敵望見黃龍旗，始知上親征，委下馬羅拜請降」。[6] 清代時，統治者在全國推行八旗制度，軍事建制以八旗和綠營為主，他們使用龍形圖案的旗幟可以看作是皇權的象徵。清初吳三桂等三藩勢力割據一方，某種程度上三藩軍隊是獨立於中央軍隊之外的，他們所使用的旗幟也有別於八旗和綠營，在康熙九年成書的《集政備考》中對三藩的纛色有着明確規定，據該書卷六《兵例・規式》記載：

> 康熙二年，兵部疏稱，案查康熙元年八月，臣部議平西親王纛係素青，平南王纛色係青旗白月，靖南王纛色係青旗紅月，將軍線國安纛色係青旗黃月，將軍沈永忠纛色係青旗藍月，俱應照舊。各省總督、提督、總兵等官，不論入旗未入旗，俱定為綠旗紅月。奉旨通行在案。今據平西親王疏稱，土司叛服無常，設有重大事情，

3　（東周）左丘明：《春秋左傳校注》（長沙：嶽麓書社，2006），頁 158。

4　（東周）墨子：《墨子》（上海：上海古籍出版社，2014），頁 304。

5　（清）陳夢雷：《古今圖書集成》第 76 冊《經濟彙編・戎政典》（北京：中華書局，1985），頁 92948。

6　（明）陶汝鼐：《陶汝鼐集》（長沙：嶽麓書社，2008），頁 407。

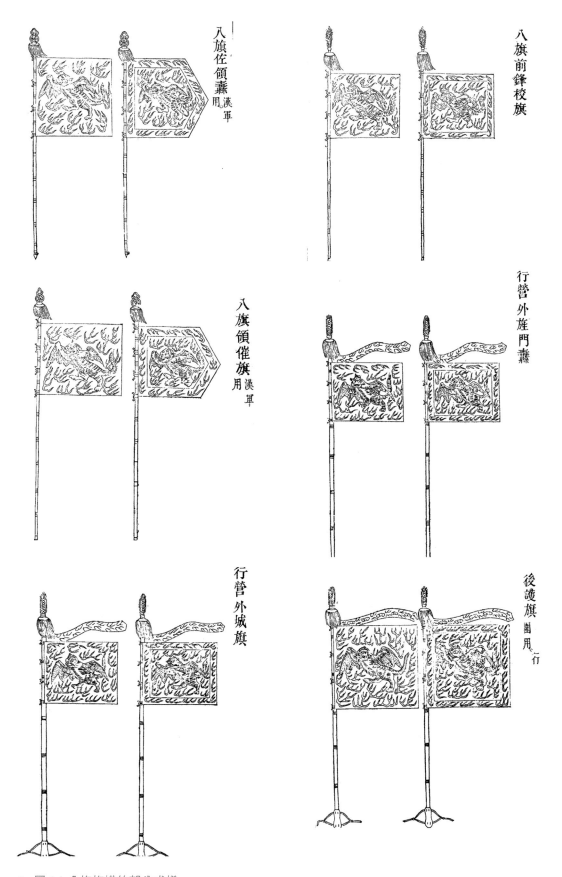

▲ 圖 6：八旗旗幟的部分式樣

資料來源：嘉慶朝《欽定大清會典圖》卷六十二至七十《武備圖》，台北：文海出版社，1992
年版，頁 2043、2045、2307、2309、2310。

五尺，約為 166cm，八旗前鋒校旗縱徑二尺三寸，約為 76cm，英方館藏的兩面飛虎旗尺寸分別為 152cm x 170cm、157cm x 173cm，尺寸上則更接近八旗佐領纛（漢軍用）。

在查閱《大清會典》的過程中，筆者發現旗幟除了作為軍事用途外，還用於地方官員的儀仗中。為了更清晰地了解各級官員的儀仗規範，筆者將《大清會典》（雍正朝）中「外官儀從規範」的規定整理為表 1。

表 1　外官儀從規範

官職儀仗	總督	巡撫	布政使、按察使	道掌印都司、知府	同知、通判、知州、知縣	州同、州判、縣丞	典史、雜職	提督	總兵	副將
杏黃傘	二柄	二柄	二柄	一柄	藍傘一柄	藍傘一柄		二柄	二柄	二柄
黃金棍	一對	一對	一對					一對	一對	一對
旗	八杆	八杆	六杆	四杆				八杆	八杆	六杆
扇	二把	二把	二把	一把	一把			二把	二把	二把
兵拳	一對							一對		
雁翎刀	一對							一對		
飛虎旗	一對							一對		
獸劍	一對	一對						一對	一對	
桐棍	一對	一對		一對	一對	一對				
槊棍	一對	一對	一對	一對	一對					
鎗	二對	一對						二對	一對	
刑杖								一對		
回避牌	一對	一對	一對	一對	一對			一對	一對	一對
肅靜牌	一對	一對	一對	一對				一對	一對	一對
竹板							一對			
大刀									一口	

資料來源：雍正《清會典》卷七十一《禮部·儀制清吏司·官員禮》，《近代中國史料叢刊》三編第七十二輯，台北：文海出版社，1995 年版，頁 4425－4430。

　　儘管上表中提到「旗」，但旗是何種樣式、何種圖案不得而知，只能說明旗的杆數是官員級別的重要標誌；「飛虎旗」的具體旗式也沒有記載，但明確了飛虎旗只有總督、提督可以使用。

　　通過對比英國國家海事博物館館藏實物（圖1－3）和官方文獻，我們發現兩者的旗式難以完全對應，即使旗幟的圖案相似，但顏色、尺寸、旗緣等細節也有所差異。從當時的歷史情境來看，旗幟的製作並非量化生產，也不是官方統一發放，其功能主要是標明部隊所屬，或是儀仗規範，加之工藝技術所限，在實際的製作和使用方面，細節上有所差異也在情理之中。因此，我們推測，五面雲蟒圖案的三角形旗（圖1）應為綠營使用；兩面條形旗（圖2）應是旗幟的飄帶；兩面飛虎旗（圖3）的用途則有兩種推測，一是總督、提督儀仗，二是八旗佐領纛（漢軍用）。鴉片戰爭以前，清政府軍旗的使用主要是遵循大清會典的規範，清軍旗幟仍是傳統的職能，用於區分不同的軍事系統及其統帥，沒有形成嚴格、統一的制式標準。

三、鴉片戰爭以後龍旗的規範過程

　　鴉片戰爭以後，清政府與英國為首的西方國家的交往愈見頻繁，中外官商船舶在海上相遇也是常有之事。中國因為沒有國旗，兵船上懸掛的旗幟又不統一，缺乏統一的標誌以茲識別，導致海面上的中外交往風波不斷。清政府不得不開始在另立新式海軍的同時，也嘗試統一船旗，以適應時代的需要。英國國家海事博物館館藏的兩面五爪龍圖案的旗幟，分別為三角形和四方形（圖4），正反映了清政府在軍旗制度上的改變。學界關於清政府黃龍旗多有研究，特別是施愛東在《中國龍的發明：16－20世紀的龍政治與中國形象》的「哀旗不幸，怒旗不爭：大清龍旗50年」一章，系統地論述了大清國旗從三角龍旗到四方龍旗的轉變；[13]而周遊在其博士論文《象徵、認同與國家：近代中國的國旗研究》第一章「龍旗與『國家』」，則主要從中外交往催生黃龍旗與「國旗」誕生、「國旗」代表的國

13　施愛東：《16－20世紀的龍政治與中國形象》（北京：三聯書店，2014），頁135－171。

家認同等角度論述。[14] 下文主要參考施、周二人的成果，利用《大清會典》、《籌辦夷務始末（同治朝）》、《清末海軍史料》等文獻資料，並結合我們赴英國國家海事博物館考察藏品的體會，集中分析編號 AAA0561、AAA0459 兩面旗幟，論述晚清海軍旗式的演變及形成規範的過程。

晚清與旗幟相關的外交爭端，首宗個案為咸豐年間發生在廣東的一起緣於「華船冒掛洋旗」的「亞羅號事件」。按照當時的海上國際慣例，沒有旗幟的商船可能被視作無國籍甚至海盜船，不能參與國際貿易，因此，當時許多中國商船都會向外國機構申請註冊，並升掛註冊國國旗，以便得到外國保護。1856 年 10 月 8 日，一艘名為亞羅號（Arrow）的華人商船被疑參與海盜活動，遭到廣東捕快的扣押。由於該船已經在港英政府註冊，聲稱升掛了英國國旗，英國領事巴夏禮藉口廣東水師侮辱英國國旗，遂挑起事端，點燃了第二次鴉片戰爭的導火線。[15]

隨着不平等條約的簽訂，西方國家的旗幟進入中國，也引發了很多問題，如太平天國的軍隊就曾打着英、法等國國旗以混淆視聽，愈來愈多的商人假借各國旗號逃避清廷的課稅等。[16] 對此，清廷在 1858 年給各國的照會中，就痛陳中國商戶假借各國領事館頒發的外國旗號「玩法為匪」。[17] 1861 年恭親王奕訢在上奏咸豐帝的奏摺中，也提到有愈來愈多的「內地奸商」假借「各國旗號」逃避政府課稅。[18]

鴉片戰爭後，海盜活動的頻繁與猖獗，讓清政府十分頭痛，卻又無力應對，由此衍生出了一種另類的海盜護航。據稱，「沙船為了保護它們自己，都採取結

---

14 周遊：《象徵、認同與國家：近代中國的國旗研究》，華東師範大學博士論文，2016 年，頁 18–40。

15 費正清、劉廣京編：《劍橋中國晚清史》，上卷（北京：中國社會科學出版社，1985），頁 227、239。

16 〈咸豐十一年九月壬寅大學士湖廣總督官文奏文〉，寶鋆等修：《籌辦夷務始末（同治朝）》卷二，沈雲龍編：《近代中國史料叢刊》，第 62 輯（台北：文海出版社，1971），頁 110–116；〈咸豐十一年十月丁卯總理各國事務恭親王等奏文〉，《籌辦籌辦夷務始末（同治朝）》卷二，沈雲龍編：《近代中國史料叢刊》，第 62 輯，頁 135–137。

17 《中英續約五十六款（附件一）》，（清）顏世清編：《約章成案匯覽》甲編卷二條約，清光緒上海點石齋石印本，頁 46。

18 〈咸豐十一年九月壬寅大學士湖廣總督官文奏文〉。

作為海關船隻的標誌旗，正黃底，鑲藍色，飛龍朝上。大約在同一時候，招商局等一批涉外官方機構也陸續開始懸掛黃龍旗，以示其官辦身份及國家權威。[38]

不過，總理衙門並沒有提供具體明確的旗幟規格，甚至連旗樣都沒有提供。當大清海關總稅務司赫德（Robert Hart）指示其助手金登幹（James Duncan Campbell）在倫敦訂製一批三角黃龍旗的時候，也沒法給金登幹提供準確的旗樣。金登幹只好委託本傑明．埃金頓（Benjamin Eginton）弄一個旗樣，結果，「埃金頓先生說，他們拖延了時間，是因為從海軍部弄到旗子的正式圖樣花了很長時間」。金登幹給赫德寫信說：「製旗商說，做中國旗很彆扭，需要很有經驗的人來縫製，以免旗尖『耷拉』。如果是△狀，即等腰三角形，而不是銳角三角形，旗子就會飄揚得好得多。」[39]

其後，以長方為規範的國旗旗式，繼續在官員中有所議論。出使英國欽差大臣郭嵩燾在日記中記載了他赴英途中，於光緒二年十一月十九日（1877 年 1 月 3 日）所見的「各國旗式」。他認為：

> 德在初開載各國旗式，略錄其大概。……然要皆長方，其長處為橫，以桿豎則旗橫，故橫當幅之長短，而以其正幅為豎。橫長約七八尺，豎四五尺。其桅頂常掛之旗，豎長而橫縮，以桅頂受風，其長處繫之於桿，使不至為風纏繞也。兵船旗或用長幅，末作兩岔如魚尾式，亦有銳角者，有三角者，有三角之尖仍作兩岔者。旗身皆方，未嘗用斜幅作尖角式。有惡病則豎黃旗，所至之海口候之，即以醫至，禁舟人不得上下，行海各國皆同此例。因考《周禮》九旗，有通帛者，則一色者是也；有雜帛者，則錯五色者是也。《爾雅》曰：「長尋曰旐，繼旐曰旆。」鄭康成謂旐末為燕尾，則長幅末作兩岔者是也。西洋不必師古，而天地自然之文，無中外一也。九旗之等，以丈尺為差，其制皆長方。古旗無用斜幅者。惟令旗尖角，以

38 施愛東：〈哀旗不幸，怒旗不爭——大清龍旗 50 年〉，《民族藝術》，2011 年 01 期。

39 陳霞飛主編：《中國海關密檔：赫德、金登幹函電彙編（1874－1907）》，第一卷（北京：中華書局，1990），頁 71、72、110。

便卷舒。國旗尖角，似不足式觀瞻。[40]

　　郭嵩燾的這些意見，卻被其副使劉錫鴻於光緒四年（1878年）向朝廷密參一本。劉謂：「鑲黃正黃，皆御用旗色，而郭嵩燾謂是草木黃落，其色不佳，要將船上黃龍旗改用五色。經臣欄止，乃變其說！為宜鑲紅帛，著之日記，以備他自考定。查一朝旗式定自開創之天子，郭嵩燾何人，乃敢以考定為言，所謂他日係指何日？」[41] 可見，當時關於旗幟顏色和形制的問題，既關乎國體，也涉及皇權，反映的也是當時中國政體的本質。

　　清朝官方正式將兵船旗幟改為長方式樣，應該是始自光緒十四年十一月十五日（1888年12月17日）頒佈的《北洋海軍章程》，其中規定：

> 　　今中國兵商各船，日益加增，時與外國交接，自應重定旗式，以崇體制。擬請將兵船國旗改為長方式，照舊黃色，中畫青色飛龍，陸營國旗同式。商船國旗照舊仍用斜幅以示區別。光緒八年，經丁鎮汝昌稟明，統領用五色長方旗，諸將用三色長方旗。旗之上，角飾以錨形，曾經北洋大臣核准分諮總理各國事務衙門，南洋船政各大臣在案現擬，仍照舊式。

　　從這項規定可見，清朝官方明確頒佈兵船和綠營亦即海軍和陸軍使用長方形旗幟，並名之為「國旗」，而商船使用的「國旗」，則照舊用「斜幅」即三角形。可見英國國家海事博物館館藏的兩面五爪龍旗（圖5），一面為三角形、一面為長方形，前者應為1862年之後才使用的旗幟，後者則應是不早於1888年底的產物。

---

40 （清）郭嵩燾：《郭嵩燾日記》，第三卷（長沙：湖南人民出版社，1982），頁126。

41 曾永玲：《郭嵩燾大傳——中國清代第一位駐外公使》（瀋陽：遼寧人民出版社，1989），頁265。

六、「各從其便」的國旗

　　雖然有了官方的規定，但是一開始規定的龍旗只有大致尺寸及龍頭朝向，並沒有給出具體規制，甚至旗幟的斜長及下橫長可以「各從其便」，各地水師在龍旗的材質、龍形等方面，都沒有統一。在《北洋海軍章程》頒佈之前，張蔭桓便注意到這個問題。他在光緒十四年十月二十四日（1888 年 11 月 27 日）的日記中寫道：「外國旗式最為鄭重，顏色繪畫咸有等差，亦有官商之別。美則有總統旗幟、水師部旗幟、水師提督及部下各官旗幟，商旗則一律也。」而中國官商旗幟沒有分別，國外對於中國旗式也不清楚，以至於當時在出版物刊登出來的中國旗式樣都是錯的。張蔭桓在日記中記載：「英官書局溫士德送閱現刊各式，請余鑒定，所刊龍旗繪畫未精，缺去紅珠」，他只能「屬參贊檢查《會典》，別繪一紙示之」。[42]

　　1889 年天津軍械局的一份報告也反映了二十多年來龍旗的製作一直處在摸索階段，其中提到：「原定斜幅黃龍旗式，用黃羽紗製造，中畫飛龍，因畫龍不能經久，改用蘭羽紗鑲嵌五爪飛龍，龍頭向上。」[43] 這份報告中又補充了旗幟的寬長尺寸，並要求「計大小旗圖四張等因，到本部堂准此。所有送到大小旗圖四張，合就割發到該局，即便會同營務處查照。將發去各旗圖，分別照會移行沿海地方文武各衙門，及各局所、各台訊、暨管帶兵輪各員弁，一體遵照辦理；並移送藩、臬、運三司，暨呈送撫部院衙門、水陸提督、粵海關一體查照，仍俟辦畢，即將原圖繳還備案」。至此，清後期海軍旗式有了較為權威和統一的規定。

　　即使有了以上的規定，旗幟製作的實際操作中也很難確保旗幟的圖案完全一致。筆者在國內博物館調研走訪過程中，發現中國國家博物館有一面與英方館藏長方龍旗相似的圖樣（圖 8），由於館藏文物信息有限，只知其名為「義和團龍珠旗」，紗質，尺寸為長 335 厘米，寬 490 厘米；而龍的圖案樣式以及爪數不一，也與英國國家海事博物館的藏品有所區別。據初步了解，國內藏有三角黃龍

42　任青：《張蔭桓日記》（上海：上海書店，2004）。

43　〈張之洞筋善後局照繪國旗圖式〉（光緒十五年二月十日），張俠、楊志本等人合編：《清末海軍史料》（下）（北京：海洋出版社，1982），頁 505。

旗的博物館僅有幾家，如中國國家博物館、合肥市李鴻章故居陳列館等。李鴻章館的旗幟沒有實地查看過，而中國國家博物館官網圖片中，則顯示有兩面義和團使用的龍旗，兩面旗幟相似，命名為紅邊黃地三角龍旗，從圖片看，旗幟圖案為五爪龍形，不同於英館所藏的四爪雲蟒圖案，斜邊平直，非齒狀，沒有旗套，旗杆邊為三組旗帶，紅邊繡有火焰紋。

⋏ 圖 7：中國國家博物館藏三角龍旗
圖片來源：中國國家博物館官方網頁，官網上文字介紹如下：
長 55cm、寬 90.5cm，1960 年紐西蘭路易・艾黎先生捐贈直角三角式大旗，旗杆邊長 55 厘米，上邊長 90.5 厘米，斜邊長 116 厘米。旗杆邊有三組旗帶，旗角有破損。旗用帶雲網底緞面製成，紅邊黃地。寬大的紅邊繡有火焰紋，黃地上繡一升騰欲飛的雲龍。旗為義和團起義時所用。

　　至於與英館所藏長方龍旗相似的，則僅有中國國家博物館中的這一面。

　　簡言之，清後期軍事旗幟的使用與形成規範的過程，與鴉片戰爭後中國需要以新的思維和方式面對和處理外交與國際事務是分不開的。在這一過程中，長方形的黃龍旗最終成為晚清海軍的旗幟，未幾也成為了清朝亦即當時的中國國旗。英國國家海事博物館的藏品，為這一變化提供了值得重視的物證。

　圖 8：中國國家博物館藏義和團龍珠旗
　圖片來源：中國國家博物館。

晚清海軍旗圖樣研究：基於圖像資料的探討

吉辰

中山大學歷史學系（珠海）

一、問題的提出

　　軍旗是一支軍隊最顯著的象徵之一。就晚清海軍而言，「龍旗」是研究者乃至歷史愛好者絕不陌生的。關於晚清海軍軍旗制度的起源與沿革，已有若干研究者做了探討，大體情形基本可以知曉。[1] 由於龍旗後來也被定為清朝國旗，更多的研究者從政治文化的角度進行了論述。[2] 不過，相關研究仍有繼續深入的空間。其中或許比較重要的一個問題在於，恰是海軍旗幟中最具代表性的龍旗，亦即狹義的海軍旗（Naval Ensign），目前流行於各種論著與網絡的圖樣恐怕與現實有一定出入。

　　為研究者所熟知的是，晚清的海軍旗始於 1862 年總理衙門奏定的龍旗，「其旗用三角尖式，大船直高一丈，小船高七八尺，其斜長及下橫長各從其便，均用黃色畫龍，龍頭向上」；[3] 1888 年頒佈《北洋海軍章程》時又將海軍旗「改為長方式，照舊黃色，中畫青色飛龍」。[4] 顯然，僅憑這樣簡單的文字記載，完全無法確

1　王記華：〈北洋海軍旗幟小考〉，《現代艦船》，2005 年第 11 期 A 刊；王記華：〈北洋海軍旗幟考訂〉，戚俊傑、郭陽主編：《北洋海軍新探：北洋海軍成軍 120 周年國際學術研討會論文集》（北京：中華書局，2012），頁 408－431；陳悅：《中國軍艦圖志》（上海：上海書店，2015），頁 286－293；賀懷鍇：〈符號與象徵：晚清民國海軍軍旗研究〉，《中國國家博物館館刊》，2018 年第 5 期。

2　汪林茂：〈清末第一面中國國旗的產生及其意義〉，《故宮文物月刊》，第 10 卷第 7 期，1992 年；小野寺史郎：《中国最初の国旗 —— 清朝・黄龍旗について》，《中国研究月報》，第 57 卷第 10 期，2003 年；遊佐徹：《大清国「黄龍旗」と 20 世紀の中国「国旗」》，岡山大学《文化共生学研究》第 2 號，2004 年；施愛東：《16－20 世紀的龍政治與中國形象》（北京：三聯書店，2014），頁 159－194；余凌雲：《中國憲法史上的國旗、國歌、國徽》（南京：江蘇人民出版社，2015），頁 4－8。

3　〈奕訢等又奏請我國師船一律添設黃龍旗摺〉、〈給英法俄美四國公使照會〉（同治元年閏八月二十四日），李書源整理：《籌辦夷務始末（同治朝）》，第 1 冊（北京：中華書局，2008），頁 405－407。引文出自〈給英法俄美四國公使照會〉。

4　《北洋海軍章程・武備》，劉魯民主編：《中國兵書集成》，第 48 冊（北京：解放軍出版社、遼瀋書社，1993 年影印本），頁 640。

圖 1：法布雷托繪製的兩種龍旗
資料來源：http://fotw.fivestarflags.com/cn-dragn.html，2018 年 9 月 20 日。

定旗幟的圖樣。那麼，時下所見到的海軍旗圖樣又從何而來呢？

目前論著與網絡中最流行的晚清海軍旗圖樣可分為兩種。經查證，出現較早的一種是旗幟愛好者馬里奧・法布雷托（Mario Fabretto）在 1997 年左右繪製的，包括三角、長方兩款（見圖 1）。按筆者的印象，它們在 2000 年前後就已經出現在國內若干海軍史網站上。

這兩種圖樣的原始來源應為美國海軍部 1899 年出版的《萬國航海旗幟》（*Flags of Maritime Nations*）一書。其中的中國部分刊有一幅長方龍旗，與法布雷托所繪高度一致（見圖 2）。相信法布雷托的三角龍旗也是根據該圖自行構想繪製的。另外，該書的 1882 年版刊有一面三角龍旗，但與法布雷托所繪版本並不相似（見圖 3）。該旗邊緣有牙，龍身周圍有雲紋，看起來更像是傳統的八旗、綠營龍旗。

另一種則是美術設計師方禾先生參加 2003 年開工的「定遠」複製艦工程時繪製的（見圖 4）。這一圖樣完成後，有一位網名 Sodacan 的網友據此重繪，並將圖片上傳到英文維基百科網站的北洋艦隊（Beiyang Fleet）等詞條頁面，標明「own work」（見圖 5）。由於維基百科在網絡資源中的權威地位，這一版本的海軍旗圖片在國內外流傳極廣。不過，它與原版的區別是微乎其微的，可以視為同一種。

▲ 圖 2：《萬國航海旗幟》1899 年版所刊長方龍旗
　　資料來源：Bureau of Equipment, United States Department of the Navy（ed.），
　　Flags of Maritime Nations（Washington, 1899）, p. 14. 本書承方禾先生提示。

▲ 圖 3：《萬國航海旗幟》1882 年版所刊三角龍旗
　　資料來源：Bureau of Navigation, United States Department
　　of the Navy（ed.），*Flags of Maritime Nations: From the Most
　　Authentic Sources*（Washington, 1882）, p. 9.

⋏　圖 4：方禾先生繪製的龍旗
　　資料來源：方禾先生提供。

⋏　圖 5：網友 Sodacan 重繪的長方龍旗。與原圖相比，可見龍頭、龍尾等處與色調有
　　細微的不同。
　　資料來源：https://en.wikipedia.org/wiki/Beiyang_Fleet，2018 年 9 月 20 日。

　　方先生告訴筆者，他繪製這一圖樣時最主要的參考資料是 1909 年成書、現存故宮博物院的《海軍旗式及章服圖說》[5] 中描繪的海軍旗（見圖 6）。比較來看，應該說方先生作品的還原度是相當高的。同時，法布雷托繪製的長方龍旗與三角龍旗圖樣源自美國海軍部官方書籍，亦屬有據可依，而且圖樣與《海軍旗式及章服圖說》版本相差不遠。無論是從現實基礎還是美術價值來說，這兩種作品都很值得稱道。

　　不過，雖然《海軍旗式及章服圖說》與《萬國航海旗幟》擁有不同程度的權威性，但畢竟只是紙面資料，距現實尚有距離。筆者認為，要如實還原晚清海軍旗的使用情況，還需要發掘更多的資料。

⊼　圖 6：《海軍旗式及章服圖說》中的海軍旗圖樣
　　資料來源：方禾先生提供。

5　關於這一史料，參見楊虎：〈《海軍旗式及章服圖說》成書時間考〉，《故宮學刊》，第 6 輯，紫禁城出版社，2010 年；楊虎：〈《海軍旗式及章服圖說》與清末海軍重建〉，《明清論叢》，第 11 輯，紫禁城出版社，2011 年。

二、對三角龍旗圖樣的再探討

通過發掘傳統文獻，筆者在三角龍旗圖樣方面有了比較重要的收穫。這來自中國海關檔案。1873 年 3 月 18 日，總理衙門劄行總稅務司赫德（Robert Hart）稱：

> 同治十二年二月十五日准北洋大臣諮稱，准本衙門諮赫總稅務司申：各關大小巡船掛用新式龍旗式樣稍有不同，恐失劃一，請於各項旗幟發一定式，以便轉示各口稅務司遵掛等語。當將議定龍旗劃一式樣，照繪一份諮送前來，相應將現定旗式繪圖，劄行總稅務司轉飭各口稅務司一體遵照掛用可也。特劄（附現繪旗圖一紙）。[6]

雖然這道劄文寫明附有旗幟圖樣，但不知是附件丟失還是人為剔除，整理出版時並沒有將其印出。幸好，湖北省檔案館所藏江漢關稅務司檔案中存有 1873 年頒發的這一圖樣（見圖 7）。從圖中看，龍的姿態和色調與圖 6 基本一致，只是畫手的筆法讓風格有些不同，如龍嘴大張，龍舌醒目，用色簡單致使龍鬚、龍鱗等處的細節沒有突出，而且三角旗型讓本來上揚的龍尾不得不下垂。另外，不同於同治元年只規定旗幟縱向長度，「其斜長及下橫長各從其便」的粗疏做法，此時對旗幟規格有嚴格的規定：大號旗幟長一丈一寸，寬六尺五寸；小號旗幟長六尺九寸三分，寬四尺。

筆者在日本國立公文書館所藏檔案中亦有發現。1874 年 10 月 30 日，日本外務卿寺島宗則向太政大臣三條實美提交一份題為《呈報清國海軍與商船旗章》的報告，轉達了駐上海領事品川忠道發來的情報，其中附有一張三角龍旗的圖樣（見圖 8）。這一報告不能忽視的背景是當時的日軍侵台事件。雖然第二天《北京專條》便即簽訂，但在此之前，品川已經應海軍省的請求向上海道沈秉成調查了中國國旗（海軍旗）的情況，不過當時提交的情報僅有旗幟輪廓、文字說明而沒

6　海關總署《舊中國海關總稅務司署通令選編》編譯委員會編：《舊中國海關總稅務司署通令選編》，第 1 卷（北京：中國海關出版社，2003），頁 209。

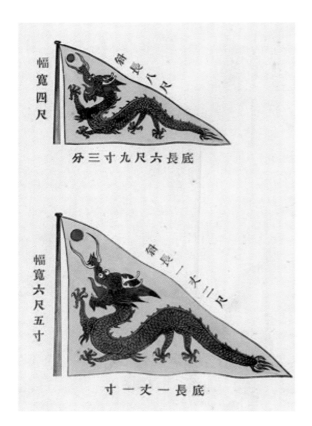

◁ 圖 7：江漢關稅務司檔案中的三
角龍旗圖樣
資料來源：吳緒成主編：《歷史
珍檔：湖北省檔案館特藏檔案集
粹》（武漢：湖北教育出版社，
2009），頁 21。

◤ 圖 8：品川忠道報告中的三角龍
旗圖樣
資料來源：JACAR（亞洲資料中心）
Ref. A01100058800（第 3 畫面），
公文錄・明治七年・第三十四
卷・明治七年十一月・外務省
伺，日本國立公文書館藏。

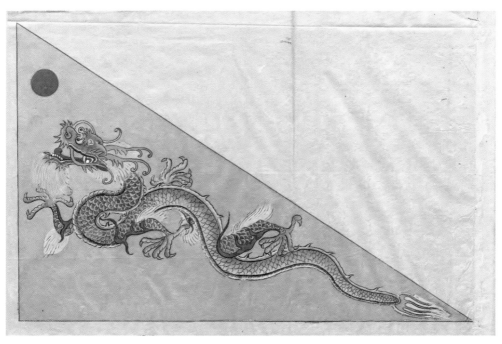

有具體圖樣。[7]

　　這份最新情報中的龍旗在構圖上與圖 6、圖 7 大體一致，但繪圖手法遠為細膩，龍的形體顯得更加秀美。就美術水準而言，筆者認為本圖是所見全部龍旗圖樣中最出色的一種。不過，由於與清朝官方圖樣差別過大，目前似難確定這一圖樣的由來。過分出色的繪圖，也必然導致旗幟難以製作，尤其是批量製作。事實上，即使以當時西方的技術，製作龍旗也並不是一件很容易的事情。1874 年夏天，中國海關駐倫敦代表金登幹（James Campbell）曾奉赫德的指示在英國訂製海關船隻所需的龍旗。他當時曾報告，「印製大號旗子是行不通的，而小號旗子呢，第一批製版費將會很高，而製作費則不亞於繪製的旗子」。因此，他訂製的樣旗都是繪製的。顯然，比起圖樣大多幾何化、圖案化的西方軍旗，繪製複雜的龍旗要麻煩得多。而且，直角三角形的旗幟在西方不太多見，「製旗商說，做中國旗很彆扭，需要很有經驗的人來縫製，以免旗尖『耷拉』」。[8]

　　當然，以上這些史料仍然只是紙面的。關於圖樣的研究，最好的材料自然莫過於來源可靠的實物。可惜的是，由於近代中國戰亂頻仍，尤其是福建、北洋兩支艦隊先後在中法、甲午兩役中全軍覆沒，海軍旗難以完好保存下來。事實上，就筆者所知，國內各機構幾乎沒有這樣的藏品，反而是國外有一些收藏。就三角龍旗而言，比較知名的一件實物是英國國家海事博物館（National Maritime Museum）的藏品（見圖 9）。

　　該旗是絲織品，長 93.98 厘米，寬 88.9 厘米，圖案為刺繡。根據博物館的介紹，其收藏者原為英國海軍軍官唐納森（Leonard Andrew Boyd Donaldson, 1875-1956）。其人於 1910 年至 1912 年間曾在英國海軍中國艦隊（China Station）的裝甲巡洋艦「蒙默思」（HMS Monmouth）號上服役，時為海軍中校。從履歷上看，

7　JACAR（亞洲資料中心）Ref. A03031086600，単行書・処蕃類纂・第三十一卷，日本国立公文書館藏；JACAR Ref. A01100057100，公文録・明治七年・第三十卷・明治七年八月・外務省伺，日本国立公文書館藏。在此之前，日本海軍對中國海軍旗的了解是很模糊的。兩年前，海軍省曾委託外務省調查中國海軍旗，而對方提交的圖樣居然來自一本 1858 年出版的法國書籍，其形制自然與當時的龍旗有很大區別。見 JACAR Ref. C09111135200，公文類纂 明治 5 年卷 44 本省公文 徽章部，日本防衛省防衛研究所藏。

8　陳霞飛主編：《中國海關密檔──赫德、金登幹函電彙編（1874－1907）》，第 1 卷（北京：中華書局，1990），頁 51、71－72、110。

◄ 圖 9：英國國家海事博物館藏三角龍旗
（編號 AAA0561）
©National Maritime Museum, London

這是他在中國活動的唯一時段。[9] 由此看來，似不宜遽認為該旗是當時使用的中國海軍旗。唐納森來華時期，作為海軍旗的三角龍旗理論上早已停用。如果這面龍旗是他當時獲得的，那麼很可能並非海軍旗，而是商船旗。《北洋海軍章程》將新式長方龍旗定為海軍旗的同時也規定：「商船國旗照舊，仍用斜幅，以示區別。」[10] 也就是說，沿用三角龍旗作為商船旗。在 1898 年日本陸軍省出版的《各國艦船旗表》中，可以看到當時中國海軍旗、商船旗的這種區別（見圖 10）。此外，該旗的絲綢質地與刺繡圖案極不耐用（按規定應用黃羽紗製旗，用藍羽紗鑲嵌飛龍，詳見下文），看上去更像是裝飾品或紀念品，而非實用品。

　　另一面三角龍旗實物是北洋海軍美籍洋員馬吉芬（Philo Norton McGiffin）的舊藏（見圖 11），現存馬氏家鄉的華盛頓縣歷史學會（Washington County Historical Society）。馬吉芬於 1885 年來華加入北洋海軍，曾任練船幫教習、威海水師學堂教習、「鎮遠」艦幫帶，參加了甲午戰爭，黃海海戰中身負重傷，戰後歸國，兩年後因不堪傷痛折磨而自殺。他對自己長期服務的北洋海軍懷有深厚感

9　唐納德森的簡要履歷，參見皇家海軍博物館（Royal Museum Greenwich），http://collections.rmg.co.uk/archive/objects/464238.html，2018 年 9 月 20 日瀏覽。

10　《北洋海軍章程・武備》，《中國兵書集成》，第 48 冊，頁 640。

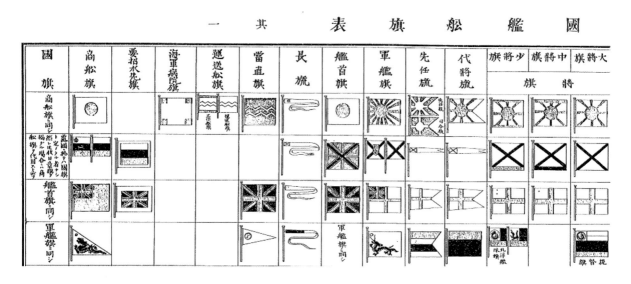

圖 10：《各國艦船旗表》局部，最下一行為中國海軍艦船旗。
資料來源：JACAR Ref. C10061969900（第 5 畫面），明治 31 年 送乙號，日本防衛省防衛研究所藏。

圖 11：華盛頓縣歷史學會所藏馬吉芬舊藏三角龍旗
資料來源：江宇翔先生提供。

⚓ 圖 12：艦尾懸掛三角龍旗的北洋海軍「致遠」艦照片及龍旗局部圖
　　資料來源：張黎源先生提供。

情，下葬時身穿中國軍服，棺柩覆蓋龍旗。[11] 從收藏者的角度看，似有理由認為
這面龍旗是北洋海軍當時使用過的。遺憾的是，關於此旗的資訊，目前只知道來
自馬吉芬的遺物而已。至於圖樣，儘管其中龍的姿態與前引各種龍旗大體相似，
但外形稚拙如同兒童塗鴉，做工也非常簡陋粗糙，望之似乎不像官方用品。對
此，應結合其他史料進一步探討。

　　作為史料，實物的最大缺陷是往往脫離了時空。例如，我們完全無從得知上
文所述的兩面龍旗曾在何時何地懸掛。在這一方面，實物的史料價值卻又不如
影像。當時懸掛三角龍旗的中國軍艦照片，筆者目前所見相對清晰的有兩張，
一為北洋海軍「致遠」艦，一為「經遠」艦，皆攝於 1887 年建成來華途中（見
圖 12、13）。遺憾的是，這兩張照片的清晰度雖然已屬上佳，但龍旗的圖案也只
能分辨大概輪廓而已。另外應該指出的是，其中龍旗的底色看起來比龍的顏色更
深，這其實是當時感光技術的局限造成的。[12]

---

11 馬吉芬的生平參見（美）理查‧布拉德福著，吉辰譯：〈菲羅‧馬吉芬與中國海軍〉，《大連近代
　　史研究》，第 7 卷（瀋陽：遼寧出版社，2010）；（美）李‧馬吉芬著，張黎源譯《他選擇了中國：
　　大東溝海戰親歷者、北洋海軍洋員馬吉芬傳》（濟南：山東畫報出版社，2013）。

12 當時採用的感光材料對藍紫光較敏感，對紅黃光較不敏感。因此在拍攝照片時，淺色物體容易因
　　曝光不足反而顯得顏色較深。此點承方禾先生提示。

▲　圖 13：艦尾懸掛三角龍旗的北洋海軍「經遠」艦照片及龍旗局部圖
　　資料來源：張黎源先生提供。

對此可以稍作補充的是 1933 年出版的《遊就館要覽》中刊載的一張照片（見圖 14）。眾所周知，靖國神社附屬的遊就館是日本首屈一指的軍事博物館，藏品包括大量對外戰爭中掠奪的戰利品。該照片是當時收藏甲午、庚子兩役戰利品的第十二室部分的插圖，攝有一面三角龍旗與三柄刀、叉、戟，說明僅為「清國武器」。目前難以判斷，這面龍旗是日軍在甲午戰爭還是庚子事變中繳獲的，也不易斷定它的性質。照片上的龍旗圖樣也比較模糊，但可以大致分辨輪廓，似乎與圖 7 相差不遠。

總之，關於晚清海軍使用的三角龍旗，目前仍然缺乏十分可靠的實物或十分清晰的照片。

▽　圖 14：遊就館藏三角龍旗
　　資料來源：松田常太編：《遊就館要覽》（東京：遊就館，1933），頁 28。

三、對長方龍旗圖樣的再探討

　　關於長方龍旗的官方圖樣，筆者亦有新的發現，這來自中央研究院近代史研究所藏總理衙門檔案。其中收有一道直隸總督、北洋大臣李鴻章於 1889 年 2 月 6 日致駐紮朝鮮總理通商事宜袁世凱的剳文，內容為知會海軍旗改為長方一事。剳中所引天津軍械局的詳文對長方龍旗的式樣言之甚詳：

　　茲據天津軍械局詳稱，伏查兵船暨海防炮台各營升掛黃龍旗，系因與各國交接，以示章別。原定斜幅黃龍旗式，旗用黃羽紗製造，中畫飛龍。因畫龍不能經久，改用藍羽紗鑲嵌五爪飛龍，龍頭向上。茲奉奏定海軍章程（引者按：即《北洋海軍章程》）武備條內將兵船國旗改為長方式，照舊黃色，中畫青色飛龍，各口陸營國旗同式，自應遵照憲飭，妥酌尺寸，照制長方式，頒發各營台一體遵照。查黃龍旗為與各國交接而設，旗幅必須較大，方壯觀瞻。例應時常升掛，其寬長尺寸又須與升掛之處合宜。職局向制斜幅黃龍旗，其寬長尺寸均照營造尺，分別大小四號，照式製造。現改用長方旗式，應仍仿照辦理。遵經妥細考校，酌擬製造。尺寸分為大小四號，分別繪圖。各號之直寬橫長尺寸各於繪圖注明。計頭號橫長一丈五尺六寸，直寬一丈六寸五分；二號橫長一丈三尺九寸，直寬九尺五寸；三號橫長一丈五寸，直寬七尺六寸；四號橫長九尺六寸，直寬六尺三寸。旗式均一律長方，照舊用正黃色羽紗製造，旗中青色飛龍仍用羽紗照舊制鑲嵌，龍頭向上，五爪。業經製成式樣，呈請核定。茲謹分別大小四號製造尺寸，各繪圖二十張，呈請憲台轉諮海軍衙門、總理衙門查照立案，並諮行沿海、沿江各省關，照會東西洋各國一體知照。[13]

13　《北洋海軍章程並改用長方國旗卷》，中央研究院近代史研究所藏總理衙門檔案，01-41-027-02。按，該詳文亦可參見同年湖廣總督張之洞致湖北善後局的箚文，但內容略有缺漏之處，且沒有附圖。見張俠等編：《清末海軍史料》（北京：海洋出版社，1982），頁 505－506。

　　這份檔案的一大珍貴之處是揭示了龍旗的製作方法：用黃色羽紗製旗，用藍色羽紗鑲嵌飛龍。[14] 尤其珍貴的是，其後還附有大小四號龍旗的彩色圖樣（見圖15）。這些圖樣與圖 6、圖 7 的風格有着較大的不同，主要在於龍身相當細瘦。值得注意的是，1890 年出版的《清國北洋海軍實況一斑》一書中刊登的龍旗圖樣（見圖 16）與之非常近似。該書由時為日本海軍參謀部大尉部員的安原金次編纂。安原長期從事情報工作，1886－1887 年、1888－1889 年分別在福州與煙台打探情報，是當時日本海軍中有數的中國通。該書是一部詳實的關於北洋海軍的情報手冊，不少內容已經超越了《北洋海軍章程》與《北洋水師號衣圖說》這樣的清朝官方規章所載的範圍。[15] 不過，似難斷定書中的龍旗所依據的是圖樣還是實物。

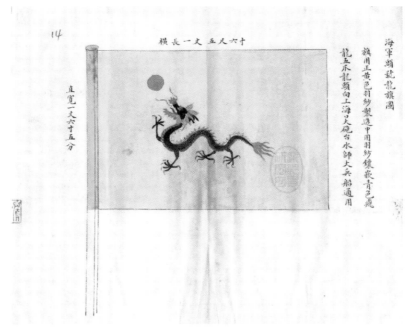

▲　圖 15：《海軍頭號龍旗圖》
　　　資料來源：《北洋海軍章程並改用長方國旗卷》，中央研究院近代史研
　　　究所藏總理衙門檔案，01-41-027-02。

14　關於羽紗（又稱羽毛紗）的材質說法多有歧異，有研究表明「羽毛紗是 100% 羊毛纖維織物或羊毛纖維與桑蠶絲纖維的交織物」。參見王允麗等：〈清代羽毛紗纖維材質研究〉，《故宮學刊》總第 7 輯，2011 年。

15　關於該書的概況，可參見拙作：〈信夫山下叩金匱：福島縣立圖書館訪書記〉，《中國甲午戰爭博物館館刊》，2013 年第 1 期。

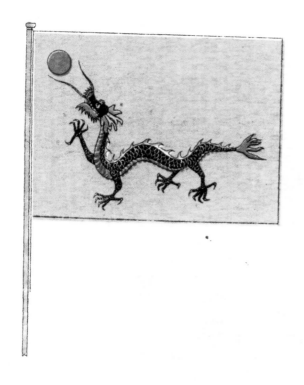

◁ 圖 16：《清國北洋海軍實
況一斑》中的長方龍旗
資料來源：《清國北洋海軍
實況一斑》（東京：海軍參
謀部，1890），福島縣立圖
書館藏。

　　接下來再看長方龍旗的實物。目前已知的一面長方龍旗亦來自英國國家海事
博物館（見圖 17）。該旗原本是英國海軍軍官沃森爵士（Sir Hugh Dudley Richards
Watson）1931 年贈送給聖巴薩羅繆醫學院的。沃氏曾擔任 1898 年建成的內河炮
艦「丘鷸」（HMS Woodcock）號艦長，在中國經歷了義和團事件，1902 年回國，
1903 年至 1904 年間又擔任中國艦隊的巡洋艦「利維坦」（HMS Leviathan）號艦
長。這面龍旗很可能是他在這兩次艦長任期之一獲得的。該旗主要材質為棉布，
長 177.8 厘米，寬 114.3 厘米，與馬吉芬舊藏三角龍旗相似，其上的飛龍圖樣也
相當簡陋。

　　更重要的實物是日本在甲午戰爭中掠走的兩面北洋海軍龍旗。儘管筆者目前
只是在圖片上得知它們的情形，但其來源十分清楚，是不可多得的史料。兩旗
原藏日本海軍兵學校教育參考館（現為日本海上自衛隊第一術科學校教育參考
館），1934 年出版的《海軍兵學校教育參考館圖錄》刊載了它們的照片。其一（見
圖 18）解說為「清國軍艦旗／坪井浩五郎氏寄贈／坪井司令官於黃海海戰繳獲
之清國軍艦旗」。坪井司令官即黃海海戰時為日本海軍聯合艦隊第一游擊隊司令

圖 17：英國國家海事博物館藏長方龍旗（編號 AAA0459）
©National Maritime Museum, London

圖 18：日本海軍兵學校藏長方龍旗
資料來源：海軍兵學校教育參考館編：《海軍兵學校教育參考館図録》（江田島：編者自印，1934），頁 66。

官的坪井航三少將，坪井浩五郎為其子。鑒於黃海海戰中未有中國軍艦被俘獲，筆者懷疑該旗應是在豐島海戰或旅順口之戰中被繳獲的。[16] 值得指出的是，該旗與一面據稱由俄軍在庚子大沽口之役時從中國海軍驅逐艦「飛鷹」號上繳獲的龍旗（見圖 19）在構圖和風格上非常相似。

　　其二（見圖 20）解說為「定遠之黃龍旗／山肋正雄〔勝〕氏寄贈／明治二十八年（引者按：1895 年）伊東聯合艦隊司令長官贈予時任長崎三菱造船所長之山肋氏」。「定遠」艦為北洋海軍旗艦，威海衛陷落前夕被提督丁汝昌下令炸毀自沉，該旗顯然是日本海軍佔領威海衛後繳獲的。該旗的圖樣有些自己的特點（如龍鰭很長），但龍的形態仍與圖 18 大體相仿。

　　從一張為「日清戰役四十周年紀念展覽會」發行的日本明信片（見圖 21）上，也可以看到一面圖樣與圖 18 看上去完全相同的龍旗，說明為「支那軍艦旗」。靖國神社遊就館 1934 年舉辦這一展覽會時，曾向各方徵集展品。根據當

▲ 圖 19：俄國海軍在「飛鷹」艦上繳獲的長方龍旗
　　資料來源：張黎源先生提供。

16　坪井率第一游擊隊參與了豐島海戰，俘獲北洋海軍炮艦「操江」號。日軍佔領旅順口後，坪井改任旅順口根據地司令長官，沒有參與其後的威海衛之戰。

圖 20：日本海軍兵
學校藏「定遠」艦
長方龍旗
資料來源：海軍兵
學校教育參考館編：
《海軍兵學校教育參
考館図録》，頁 71。

圖 21 「日清戰役四十周年紀念展覽會」明信片上的長方龍旗
資料來源：陳悅先生提供。

時出版的展品目錄，海軍兵學校提供了「清國國旗及軍艦旗」各一面（亦有同一明信片上印出的「靖遠」艦鐘）。[17] 由此似可斷定，圖 21 與圖 18 其實是同一面旗幟。

　　至於中國軍艦懸掛長方龍旗的照片，筆者目前所見相對清晰的兩張都屬於清末海軍重建時期。其一是下水儀式上的巡洋艦「肇和」（見圖 22）。照片中艦尾龍旗的尺寸較大，但由於曝光問題，龍的圖樣只能分辨出輪廓。其二是航行中的巡洋艦「海琛」，其艦首、艦尾皆懸掛龍旗。放大來看，似與圖 18、19 的風格近似，但仍嫌模糊。看來，在這一方面也需要寄希望於新發現的材料。

四、結語

　　本文希望着重運用圖像資料探討晚清海軍旗（龍旗）的圖樣。但由於此類資料的匱乏，本文的探討仍是不甚完善的，希望以後新發現的資料能夠做出補充。目前看來，似可得出以下結論：

　　目前論著與網絡流行的兩種海軍旗圖樣，分別為法布雷托先生與方禾先生繪製，其中前者源自《萬國航海旗幟》，後者根據《海軍旗式及章服圖說》，皆有所本，但與現實中的海軍旗有一定出入。首先，清朝官方頒佈的圖樣有前後不同之處。如將《海軍旗式及章服圖說》或 1873 年總理衙門劄文所附圖樣與 1889 年天津軍械局詳文所附圖樣相比，前兩者與後者風格迥異。而且，由於龍的形象不易標準化，加之工藝技術所限，無論是三角龍旗還是長方龍旗，實際使用的海軍旗的圖樣相當不統一，有些甚至顯得相當稚拙。即使不論來源不是十分可靠的樣本，僅以日軍在甲午戰爭時繳獲的兩面北洋海軍龍旗而論，其圖樣也頗不相同。若充分了解這一情況，對相關的歷史研究或文物工作或有幫助。在收集足夠材料的基礎上，美術工作者也可以考慮重新繪製更加接近實際的龍旗。

17　JACAR Ref. B04012289500（第 13 畫面），本邦展覽會関係雜件 第一卷（I-1-6-4-5_001），外務省外交史料館藏。

⚓ 圖 22：下水儀式上的「肇和」艦
　資料來源：http://60.250.180.26/THEME/theme-18/18-index.html，2018 年 9 月 20 日。

⚓ 圖 23：艦首、艦尾懸掛長方龍旗的清末海軍「海琛」艦及龍旗局部圖
　資料來源：張黎源先生提供。

清末海軍將旗研究

姜鳴

復旦大學中外現代化進程研究中心

　　十九世紀八十年代，北洋海軍仿效英國海軍傳統，設置將旗，以顯示在艦海軍將領的身份，以及在艦艇中的指揮地位。按照海軍慣例，載有海軍艦隊或分艦隊司令的軍艦，其所在軍艦懸掛將旗，稱為「旗艦」。1890 年，北洋海軍洋員琅威理曾因他在艦上是否具備提督資格及應當升何等旗幟等，與「鎮遠艦」管帶林泰曾、「定遠艦」管帶劉步蟾發生爭執，最後辭職而去，引發著名的「升旗事件」。北洋海軍將旗究竟是何等樣式，陳悅在《中國近代軍艦圖鑒》中有介紹，王記華在〈北洋海軍旗幟考訂〉中作了進一步研究。[1] 但上述研究對於旗式及演進變化，尚未完全講清。本文就目前所見文獻和圖像資料，作梳理探索，以求教方家。

一、近代英、美、日海軍艦隊將旗略述

　　從古到今，各國海軍將旗是一個繁雜的體系。根據西方海軍傳統，設立將旗，是用於海上指揮和禮儀交往的需要。以英國為例，其在 1224 年 8 月 29 日任命了第一位海軍上將，在 1525 年設立中將與少將。1570 年以後，設立分色艦隊。1702 年立法規定，英國皇家海軍的「三色分隊」體系（three squadron system），在少、中、上將中設紅、白、藍三個等級，有海軍元帥，無紅色上將，加上三色准將，整個將帥體系共達十二個等級。相應地，其標識不同軍銜等級的將旗，顏色、圖案也各有差異（圖 1）。

1　　陳悅：〈龍旗飄揚的時代：清末中國海軍軍旗〉，《現代艦船》增刊，2011，頁 203－207；陳悅：《中國軍艦圖志，1855－1911》（香港：商務印書館，2013），頁 281－288；王記華：〈北洋海軍旗幟考訂〉，戚俊傑、郭陽編：《北洋海軍新探：北洋海軍成軍 120 周年國際學術研討會論文集》（北京：中華書局，2012），頁 408－431。

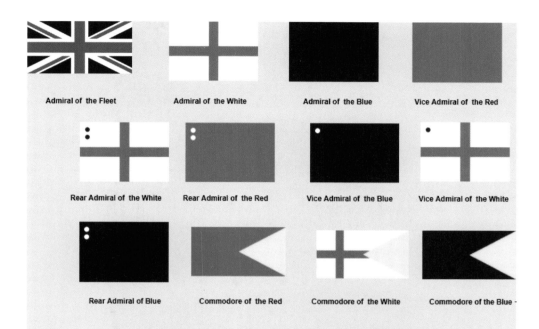

Promotion path off British flag officers from 1702 to 1805

British flag officers would start in the blue squadron at the rank of Commodore of the Blue their next promotion up to is to Commodore of the White then Commodore of the Red. The process repeats itself when the Commodore of the Red is next promoted to a Rear Admiral of the Blue and on to Rear Admiral of the White, then to Rear Admiral of the Red. His next promotion would be to Vice Admiral of Blue then the White and then Red. At this point the officer then moves up to Admiral of the Blue then Admiral of the White during this period the post of Admiral of the Red did not exist therefore if offered another promotion the Admiral of the White would then become Admiral of the Fleet

圖 1：1702－1805 年英國皇家海軍軍銜體系及將旗。第一排從左至右，依次為海軍元帥、白色上將、藍色上將、紅色中將。第二排從右至左，依次為白色中將、藍色中將、紅色少將、白色少將。第三排從左至右，依次為藍色少將、紅色准將、白色准將、藍色准將。
資料來源：Wikimedia Commons, https://commons.wikimedia.org/wiki/File:British_Flag_Officers_promotion_path_1702_to_1805.png，2021 年 4 月 6 日。

　　1805 年，英國皇家海軍增設紅色上將，將旗式樣又作改動。1864 年「三色分隊」體系被廢止，海軍將官改為上、中、少三級。原先使用的紅色旗幟給了商船隊，藍色旗幟給了後備艦隊和輔助艦船，白色聖喬治十字旗（即白底紅十字旗）成為皇家海軍旗，依懸掛的桅杆顯示不同軍銜。上將旗升於主桅，中將旗升於前桅，少將旗升於後桅。1870 年後，鐵甲艦逐漸取代三桅大帆船。鐵甲艦往往只有前後桅杆，原來的懸掛規定難於實施。英國海軍便在聖喬治旗的角上加紅點，來區分將領的軍階。沒有紅點是海軍上將，一個紅點為海軍中將，兩個紅點為海軍少將（圖 2）。此外，在海軍少將和海軍上校之間，還有准將（Commodore），准將分兩級，由上校中資歷高者依缺遞補。

> ↗ 圖 2：英國海軍將旗。從左至右，依次為英國海軍上將旗（Admiral）、英國海軍中將旗（Vice Admiral）、
> 英國海軍少將旗（Rear Admiral）。
> 資料來源：https://www.crwflags.com/fotw/flags/gb%5Enrank.html，2021 年 4 月 6 日。

RANK FLAGS · 1876-1940 DESIGNS

ADMIRAL · SENIOR PRESENT

ADMIRAL · SUBORDINATE

VICE ADMIRAL · SENIOR PRESENT

VICE ADMIRAL · SUBORDINATE

REAR ADMIRAL · SENIOR PRESENT

REAR ADMIRAL · FIRST SUBORDINATE

REAR ADMIRAL · SECOND SUBORDINATE

COMMODORE'S BROAD PENNANT

> ◁ 圖 3：1876 － 1940 年間美國
> 海軍將官軍銜和將旗
> 資料來源：http://tmg110.
> tripod.com/usn3.htm，2021 年
> 4 月 6 日。

▲ 圖 9：上海圖書館藏《北洋海軍章程稿》
資料來源：《北洋海軍章程稿》（手稿），上海圖書館藏。

上圖稿本和復旦本關於「將旗」一節規定：

查北洋水師將領旗，光緒八年曾經丁鎮汝昌稟明，統領用五色
長方旗，諸將用三色長方旗，旗之上角飾以錨形，經北洋大臣核
明，分諮總理各國事務衙門、南洋、船政各大臣在案。現擬仍照舊
式。[6]

奏定本改為：

提督用五色長方旗，諸將用三色長方旗，旗之上角，各飾以錨
形。如以後別國旗幟有同式者，由海軍衙門酌改式樣。[7]

6　《北洋海軍章程稿》（手稿），上海圖書館藏，第 9 冊，無頁碼；《北洋海軍章程》，復旦大學圖書
　　館藏，第 6 冊，頁 5。

7　《北洋海軍章程》，天津圖書館藏，第 6 冊，頁 7−8。

　　由上圖稿本和復旦本可知，早在北洋海軍 1888 年成軍之前，北洋水師即按丁汝昌稟文，設置了旗角為錨形的五色長方型將旗和三色長方形將旗。此記載，與 1887 年琅威理從英國接收「致遠艦」、「靖遠艦」、「經遠艦」、「來遠艦」回國，以「靖遠艦」為旗艦，在後檣上升錨形將旗的照片也是吻合的（圖 10）。

　　這面五色將旗是什麼顏色的呢？筆者找到在光緒年間出版的《五等寶星寶帶式　中外各國輪船旗式》（以下簡稱《中外各國輪船旗式》）一書中兩幅彩色插圖，一幅是「大清北洋水師全軍將領旗」，旗上角白底紅錨，配黃白黑綠紅五色彩條；另一幅是「大清北洋水師分軍將領旗」，旗上角白底紅錨，配黑綠紅三色彩條（圖 11）。[8]

　　圖 11：北洋水師統領旗、分軍將領旗樣式
　　資料來源：《五等寶星寶帶式　中外各國輪船旗式》，上海圖書館
　　藏，無頁碼。

8　《五等寶星寶帶式　中外各國輪船旗式》（手稿），上海圖書館藏。《中外各國輪船旗式》未署出版年份和作者，石印，手工設色，在清末出版物中罕見。按照該圖「大清北洋水師全軍將領旗」（北洋海軍成軍前，丁汝昌的職務是天津鎮總兵，統領北洋水師）而非「北洋海軍提督旗」的提法，可以斷定此為海軍成軍之前的樣式。且該書還有各種清政府寶星寶帶圖樣，顯然是一部官方出版物，其價值類似國外各種政府部門印行的旗幟勳章圖冊。

ᐸ 圖 10：「靖遠艦」後桅上飄揚的北洋
　　水師將領旗
　　資料來源：陳悅先生提供。

　　1886 年，醇親王奕譞在李鴻章陪同下巡閱北洋海防。據隨行畫家所繪《渤海閱師圖》之四《兵船懸彩》（圖 12），[9]「定遠艦」前桅上懸掛的也是上角帶錨的北洋水師將旗，只是旗幟的彩條為黑白紅黃藍，不知是繪製得不夠精準，還是當時畫家所見就是如此。

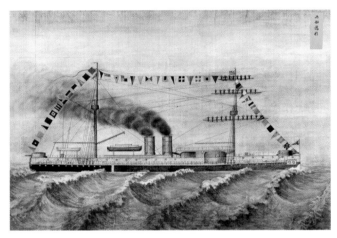

◁　圖 12：《渤海閱師圖》中的北洋水師統領旗資料來源：清人繪：《渤海閱師圖・兵船懸彩》，北京故宮博物院藏，1886 年。

9　清人繪：《渤海閱師圖・兵船懸彩》，北京故宮博物院藏，1886 年。

　　還有一點很奇怪：無論上圖稿本、復旦本，還是奏定本《北洋海軍章程》，都稱北洋海軍成軍之後，提督旗仍是上角飾錨，但上圖稿本所附海軍提督旗樣稿，旗角上裝飾的卻是團龍（圖13）。

　　在實際軍事活動中，北洋海軍是將提督旗的五色錨形圖案改為五色團龍圖案了嗎？或者樣稿僅僅是一種設想，在軍中並沒有使用呢？這需要進一步求證。前些年，吉辰在日本福島縣立圖書館發現日本海軍參謀部1890年內部出版的《清國北洋海軍實況一斑》，其中附有北洋海軍提督旗樣式（圖14），與上圖稿本所附圖樣是一致的。

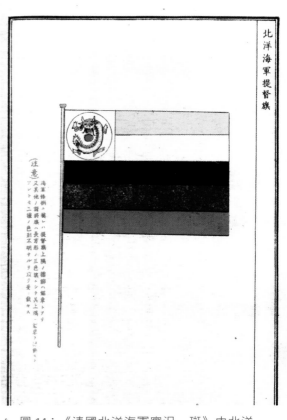

圖13：上海圖書館稿本中提督旗樣稿
資料來源：《北洋海軍章程稿》（手稿），上海圖書館藏，無頁碼。

圖14：《清國北洋海軍實況一斑》中北洋海軍提督旗
資料來源：海軍參謀部：《清國北洋海軍實況一斑》（內部出版），東京，1890年，福島縣立圖書館藏。

此外，清政府駐美公使張蔭桓 1889 年 3 月 22 日記載：

　　李傅相詡會《北洋海軍章程》，內多酌用英國法，仍以憲廟軍
規為依歸，旅順、大沽兩船澳次第工竣，威海衛為提督駐紮之地，
規模井然。國旗長方式，尤壯觀。海外旗式亦奏明仿製也。提督旗
本畫錨形，刻乃繪龍……中國海軍之權輿從此加拓，武備日彰，
足以威強鄰旬番服，誠當今日之要也。[10]

由此證明，李鴻章在《北洋海軍章程》制定國旗和海軍將領旗的修改樣式之
後，立即向駐外使館通報。五色團龍旗為北洋海軍提督將旗，此事可以定論！
　　上圖稿本中，還附有提督旗的尺寸規格（此亦為《章程》其他版本所無，但
在《清國北洋海軍實況一斑》中亦有同樣內容），表明海軍提督將旗的使用，已
經完全規範化了：

　　頭號橫長一丈三尺五寸，直寬九尺，大船用。
　　二號橫長一丈一尺五寸，直寬七尺五寸，二等船用。
　　三號橫長九尺，直寬六尺，三等船用。
　　四號橫長六尺八寸，直寬四尺五寸，木輪船大舢板用。
　　五號橫長五尺四寸，直寬二尺六寸，舢板用。

　　和 1888 年正式成軍之前的北洋水師一樣，北洋海軍除提督旗外，還有一款
總兵將旗。上圖稿本中規定了總兵旗的式樣和圖稿：

　　海軍實缺總兵分翼帶隊長掛長方三色旗，旗角飾以圓龍，與各
國三等提督平行，三桅船者升後桅，兩桅船者升前桅。

　　這個規定，較之復旦本、天圖本僅記「諸將用三色長方旗，旗之上角飾以錨

形」要詳盡得多。據此可想像，「升旗事件」中劉步蟾換下提督旗後、升起總兵旗的樣式。

此外，上圖稿本中還有北洋之外其他區域海軍將旗的規定和圖樣（圖 15）：

> 南洋、粵東各省外海水師記名提鎮統帶艦隊者，掛長方三色旗，旗角飾以長龍，與各國三等提督平行，三桅船者升後桅，兩桅船者升前桅。

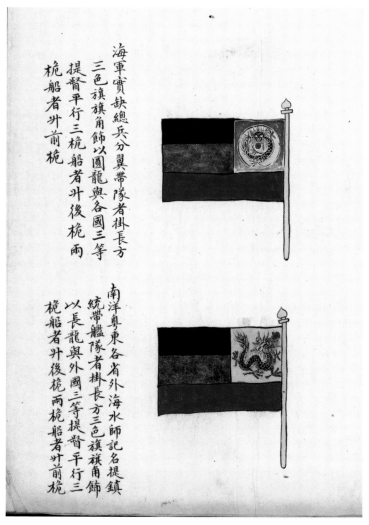

△ 圖 15：上海圖書館稿本中北洋海軍總兵分翼帶隊將旗和南洋粵東外海水師記名提鎮帶隊將旗
資料來源：《北洋海軍章程稿》（手稿），上海圖書館藏，無頁碼。

　　依此說法，北洋海軍總兵地位與南洋、廣東外海水師記名提督平行，序秩相當於外國三等提督（海軍少將）。

　　1890 年 12 月 31 日，丁汝昌曾就南洋兵輪船統領吳安康擅升北洋提督將旗事致函稱：

> 　　查敝軍團龍五色旗，當奏定《章程》時曾知照各國為海軍提督專用旗幟，昭昭在人耳目，未便別有通融。至南洋縱不俟奏設海軍提督，擬相效用，未始不可，然必須南洋大臣諮明總理衙門，通行各國，再行張掛，方足以昭慎重。不然，漫無知覺，體制紛更，既紊外觀，必滋疑議……尊威所繫，尤覺難堪。麾下久領水師，儀度一節，尤度深究。或有察不及此者，猶賴加意為之發明，不致貽外人誚。海軍之幸，亦同袍之幸也。[11]

　　由於南洋地區新式兵輪尚未正式成軍，吳安康地位較低。他在 1884 年中法戰爭中的職務是南洋輪船營務處總兵，因鎮海之戰，「澄海」艦、「馭遠」艦沉沒，詔命革職、仍留營效力。[12] 1886 年，醇親王奕譞檢閱海軍，他的身份是「統帶南洋三船之革職留營花翎提督記名總兵」，[13] 經醇王保舉，他獲賞四品頂戴。1890 年春，開復暫革處分，[14] 又以總兵的名義統帶南洋兵輪。此時他擅升北洋海軍提督將旗，招致丁汝昌峻辭告誡。這封信還顯示，吳安康沒有使用上圖稿本中為南洋、廣東設計的將旗，丁汝昌也沒有提及此旗。

　　1899 年，北洋海軍已在甲午戰爭中被摧毀。美國海軍部編撰的《各國船旗》

11　丁汝昌：〈致吳徵三〉（光緒十六年十一月廿日），孫建軍整理校注：《丁汝昌集》，上冊（濟南：山東畫報出版社，2017），頁 172。

12　吳安康為南洋輪船營務處總兵，見陳寶琛：〈密陳陳湜貪奢驕縱情形摺〉（光緒十年八月二十三日），陳寶琛著，劉永翔、許全勝點校：《滄趣樓詩文集》（上海：上海古籍出版社，2006），下冊，頁 876。吳安康革職，見中國第一歷史檔案館編：《光緒宣統兩朝上諭檔》（南寧：廣西師範大學出版社，1996），第 11 冊，頁 61。

13　〈光緒十二年五月初一日醇親王奕譞片〉，中國科學院近代史研究所史料編輯室、中央檔案館明清檔案部編輯組編：《洋務運動》，第三冊，頁 566。

14　秦國經主編：《清代官員履歷檔案全編》（上海：華東師範大學出版社，1997），第五冊，頁 287。

（*Flags of Maritime Nations*）刊載各國船舶旗幟中，有三款中國將旗，仍保留着當年北洋、南洋海軍痕跡（圖 16）。尤其從英文說明，可以找到中國海軍軍銜與西方海軍軍銜之間的對應譯法。比如北洋海軍提督稱為一等海軍提督，總兵相當於三等提督，即相當於海軍少將或准將。[15] 該圖冊與上圖稿本的區別有兩處：一是將旗五色彩條顏色，上圖稿本用黃白黑青紅五色，符合中國傳統五行色彩。《各國船旗》用黃白黑綠紅，與《中外各國輪船旗式》相似。需辨別的，在於五行中青色（代表木）究竟是藍色還是綠色？二是團龍之外圓形圖案底色，上圖稿本為黃色，與國旗相同，且與圓形之外的白色方塊明顯有別。而《清國北洋海軍實況

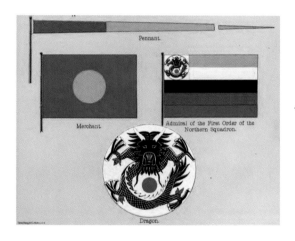

◁ 圖 16：美國海軍部編撰《各國船旗》中的中國海軍將旗，注意龍的畫法和綠色彩條。
資料來源：United States. Navy Department. Bureau of Navigation, *Flags of Maritime Nations*（Washington: The Bureau of Equipment, Department of the Navy, 1899), pp. 14-15.

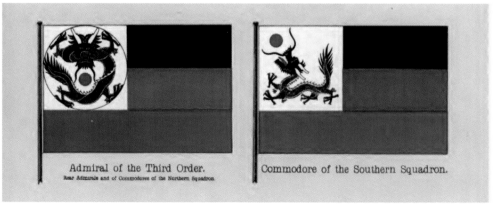

15　United States. Navy Department. Bureau of Navigation, *Flags of Maritime Nations*（Washington: The Bureau of Equipment, Department of the Navy, 1899), pp.14-15. 感謝張黎源提供該書的電子文本。

一斑》和《各國船旗》，圓形圖案皆為白色，與圓形外白色方塊之間，僅用黑色勾出線條。究竟何種為正確，尚待進一步考證。

從將旗討論還引申出另一個軍銜等級設計問題：北洋海軍的將領級別，僅設提督和總兵兩級，級次和稱呼與清軍陸軍職銜對接。且提督既為職務，即艦隊司令；又為軍銜，對應外軍海軍上將（一等提督 Admiral of the First Order）。總兵相當於外軍三等提督（Admiral of the Third Order，Rear Admirals and Commodores，海軍少將或准將）。[16] 按西方國家慣例，上將和少將之間還有中將級別（Vice Admiral）。丁汝昌由天津鎮總兵晉升北洋海軍提督，似以中將為妥。在其之上，可設統轄全國的海軍總司令，軍銜為海軍上將。《北洋海軍章程》提及此等分級上有為難之處，認為新式海軍在中國為創始，「初無幾等提督名目，自應仍遵舊制」。此外，鐵甲艦艦長由總兵擔任，對應西方國家通行做法，配置也相對偏高。故兩位總兵亦被任命為左右翼領隊翼長，相當於分艦隊司令。[17]

北洋海軍的將旗及至總兵旗，副將以下不設將旗。黃海海戰時，丁汝昌所乘「定遠艦」的主桅受日方火炮攻擊損壞，無法升掛將旗和信號旗。海戰後期，「靖遠艦」主動「懸旗」，召集各艦攻打敵艦。[18] 有研究者認為，「靖遠艦」懸掛的為將旗。其實「靖遠」管帶葉祖珪為副將，他無專設將旗，其所懸掛的，估計為指揮艦隊行動的信號旗。

三、清末海軍復興時期的將旗

北洋海軍覆滅後，清政府向英、德兩國購買了五艘「海」字巡洋艦，海軍處於緩慢的復興之中，將旗制度未見新的文件規定。1905 年 11 月 21 日，英國駐華公使薩道義（Ernest Mason Satow）致函清政府外務部，稱接本國外交部諮文，以

---

16 《北洋海軍章程》，天津圖書館藏，第 5 冊，頁 2。

17 《北洋海軍章程》，天津圖書館藏，第 2 冊，頁 1。

18 池仲祐：《海軍實紀·述戰篇》，張俠等編：《清末海軍史料》（北京：海洋出版社，1982），頁 322。

英國海軍部編印的《各國旗式》官冊迄今已有十六年（即 1889 年編印），擬修
訂重版。現將該書新繪中國旗式稿本送呈，請轉致南北洋大臣查照並回覆。[19] 因
圖稿僅有一套，外務部先將其發送北洋大臣袁世凱核覆，並囑完成後轉交南洋大
臣繼續核覆。[20]

　　同年 12 月 28 日，袁世凱諮覆薩道義，將英方提交的中國旗式稿本進行核覆
注釋。其中六色中央團龍旗（Admiral，海軍上將）標注為海軍大臣／頭等水師提
督旗，五色中央團龍旗（Vice Admiral，海軍中將）標注為總統／二等提督旗，五
色角飾團龍旗（Rear Admiral，海軍少將）標注為分統／三等提督旗，四色團龍
旗（Commodore 1st class，一級准將）標注為總兵旗。[21] 由於這些圖樣均由英方採
集，交中國核覆，顯然南北洋此前已完成了將旗的重新設計，對海軍軍銜的級別
也從以前的二級改為四級（頭等提督／海軍上將，二等提督／海軍中將，三等提
督／海軍少將，總兵／一級海軍准將），建制上與日本海軍相同。其究竟何時完
成此類變動，目前缺乏相關史料文獻佐證。此外，由於這批中方影印檔案為黑白
色，承蒙英國國家海事博物館 Stuart Bligh 先生提供了相應的彩圖照片，使得我們
得以看清彩條的具體顏色，在此謹致謝忱（圖 17）。[22]

---

19 〈英國駐華公使薩道義為本國海軍部擬重印各國旗式請將中國旗式説帖照達事致外務部信函〉（光
　　緒三十一年十月二十五日），中國第一歷史檔案館編：《清代外務部中外關係檔案史料叢編：中英
　　關係卷》（北京：中華書局，2009），第五冊，頁 247。

20 〈外務部為英使函送旗式稿本應核覆並轉諮南洋大臣事致北洋大臣袁世凱諮稿〉（光緒三十一年十
　　月三十日），中國第一歷史檔案館編：《清代外務部中外關係檔案史料叢編：中英關係卷》，第五冊，
　　頁 248。

21 《北洋大臣袁世凱為諮覆英使先將中國旗式圖送還事致外務部諮呈》（光緒三十一年十二月初三
　　日），《清代外務部中外關係檔案史料叢編：中英關係卷》，第五冊，頁 249-252。

22 *Drawings of the flags in use at the present time by various nations/Great Britain.* Courtesy of the National
　　Maritime Museum, Greenwich, London.

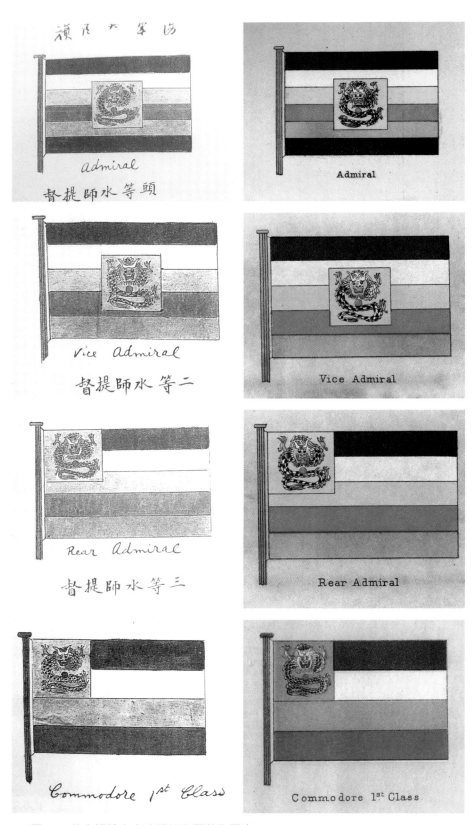

圖 17：英方提請中方確認的海軍將旗圖案
資料來源：黑白圖片見《清代外務部中外關係檔案史料叢編 —— 中英關係卷》，
第 5 冊，頁 249－252；彩圖由英國國家海事博物館 Stuart Bligh 先生提供。

　　1909 年 8 月 20 日，籌辦海軍大臣載洵上奏海軍人員官階任職，為三等九級。其中將官為正都統、副都統、協都統。24 日，又奏海軍長官旗式及各級軍官章服標誌，稱「各國辦理海軍，自海軍大臣以下各長官均有特別旗式懸掛桅端，以辦等威」。[23] 據第一歷史檔案館所存圖樣，其海軍大臣旗及各將旗如下圖（圖 18）：

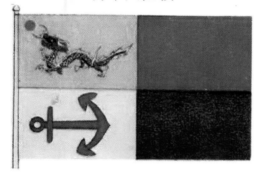
海軍大臣旗

海軍正都統旗

海軍副都統旗

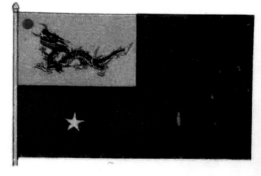
海軍協都統旗

圖 18：1909 年後海軍將旗樣式
資料來源：張俠等編：《清末海軍史料》（北京：海洋出版社，1982），插頁。

---

23 〈載洵奏擬定海軍人員官階職任〉（宣統元年七月五日），〈載洵等奏擬定海軍長官旗式及各級軍官章服標誌〉（宣統元年七月九日），張俠等編：《清末海軍史料》，頁 517－518。

又據故宮博物院收藏內府寫繪本《海軍旗式及章服圖說》，其圖樣也完全相符（圖 19）[24]：

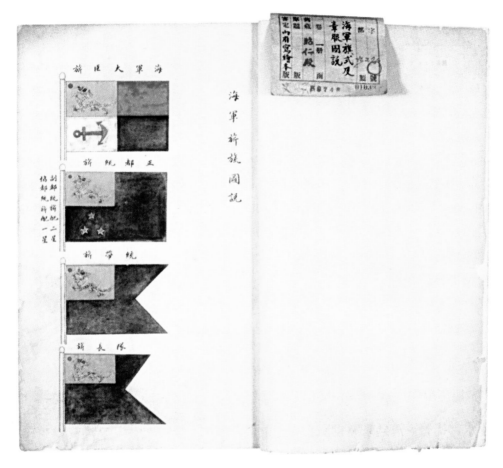

▲ 圖 19：《海軍旗式與章服圖說》所載海軍將旗
　資料來源：《海軍旗式及章服圖說》（手稿），故宮博物院圖書館藏，頁碼不詳。

要言之，時至 1909 年，清末海軍將官的軍銜和將旗趨於成熟，旗角的龍式與清朝國旗一致，團龍或鐵錨的樣式不再使用，將旗的等級亦以五角星來標識。只是此時，已經非常迫近辛亥革命，新式海軍對將旗的配發和實際應用，尚未見到詳細記載。

—————————————

24　《海軍旗式及章服圖說》（手稿），故宮博物院圖書館藏。在正都統旗旁有注：「副都統旗配二星，協都統旗配一星」。

「十五仔的旗幟」：道光年間中英合作打擊海盜行動及其歷史遺物

程美寶
香港城市大學中文及歷史學系

一、博物館入藏記錄與歷史文獻

　　英國國家海事博物館藏有一批共十七種統稱「中國旗幟」（Chinese Flag）的織造品，大多屬十九世紀的文物。該館所藏旗幟與條幅超過一千多面，時間跨度從十七世紀迄二十世紀，以英國和歐洲其他各國為主，這十七種所謂「中國旗幟」，數量可謂微不足道，惟在該館悉心保養維護下，品相完好。國內機構擁有同時期同類型的藏品的並不多見，這批藏品是我們從物質文化的視角研究中國近代政治和軍事史不可多得的實物材料。

　　然而，面對一件件已剝離於具體歷史情境，或存於倉庫，或陳列在展櫃的文物，加上館藏資訊非常有限，寫進展品標籤的說明更只有寥寥數語，我們到底可怎樣理解和分析這些文物？從這些問題出發，本文在這批籠統稱為「中國旗幟」的藏品中，選取了兩件比較特別但又與具體人名有所聯繫的藏品，嘗試對這個問題提出一些粗淺的答案。第一面是繪有一個男性神像的長方形旗（圖1），該旗構圖奇特，色彩鮮豔，主體部分繪有一個手持八卦的男性神像，旁立瑞獸，背景有一根祥雲柱、一個紅日，左側繪有五隻蝙蝠，上方又書有「天后聖母」四字。博物館較早的記錄，說這個男神是「Ziwei Dadi」（紫薇大帝），但粗翻相關圖冊，這個形象似乎與「紫薇大帝」不符。[1] 然而，我們都知道，民間信仰的神祇形象，向無絕對準則，弄清楚這是什麼神似乎無助於了解這面旗幟誰屬的問題。博物館更有意思的記錄，是說這面旗幟與一個名為「Shap-ng-tsai」（十五仔）的華南海盜有關，還說：「於一次英國與中國的聯合行動中，在 Captain John Charles Dalrymple Hay（約翰‧海上校）和 Major General Hwáng（黃大將軍）的領導下，

1　手持八卦的神仙或神話人物，一般是伏羲，但旗幟上的男子的髮飾和衣服又與一般的伏羲形象不同，身旁的瑞獸也難以辨識。

崖、萬在路之西。大海環其外，四方賈舶皆從大海聯絡而致，故曰東南一大都會也。」[11]

香港島在 1842 年被英國割佔，成為交收鴉片的中心，也讓中外商人、走私販和海盜多了一個物資供應的基地。斯科特便注意到：「實彈、上乘的英國火藥、各類大小品種不同的槍械，不論是銅的還是鐵的，在香港的商店都可輕易買到，就如在倫敦一樣。我們可以設想，只要能收到錢，商店的老闆不會十分在意他的顧客是誰。」除了購買槍械外，香港島也成為海盜收集和散播情報的地方。斯科特又說：「海盜在維多利亞城有代理人，幫助他們每時每刻掌握資訊，惡名昭彰。他們在殖民地獲取所需的補給，我們國人的一舉一動也無可避免地受到威脅，造成萬分不便。」[12]

英國海軍雖然自 1834 年 4 月 21 日東印度公司結束其在華貿易的專利後，開始在印度和中國海域擔負起重要的防衛角色，但由於種種理由，在香港開埠初期，海軍對處理海盜問題但覺諸多掣肘。香港總督由於身兼英國駐華全權公使，又是駐香港三軍總司令，同時扮演外交官員和殖民政府管治者的角色，因此在處理即使發生在港島鄰近水域的海盜問題上，也顯得處處謹慎，以免觸犯清政府的主權。首任總督砵甸乍（Henry Pottinger）便曾通令海軍，除非真正目睹海盜犯案，或得到他的指示，否則不能插手打擊海盜的行動。[13] 至於海軍方面，當然時刻注意着海盜活動，並致信給香港政府報告事態。1844 年 7 月 18 日，東印度及中國艦隊海軍少將閣麟（Rear Admiral Thomas Cochrane）從當時停駐香港的軍艦阿金考特號（Agincourt）上發給香港總督戴維斯（John Francis Davis）的信函便提

11　袁永綸：《靖海氛記》，上 4。

12　Beresford Scott, *An Account of the Destruction of the Fleets of Chui-Apoo and Shap-Ng-Tsai on the Coast of China in September and October*, Printed by Savill and Edwards, Chandos Street, London, prefaced 1851, p. 27.

13　香港總督扮演雙重角色向兩個權力機關（外交部和殖民地部）的狀況，至 1860 年才告一段落，見 Grace Estelle Fox, *British Admirals and Chinese Pirates 1832-1869* (London: Kegan Paul, Trench, Trubner & Co., Ltd., 1940), pp. 90, 98-100.

到：「這些海盜十分聰明，通常他們的船跟普通的漁船很難區分開來。」[14] 1845
年 1 月 27 日，閣麟再次致函戴維斯，詳細提到：

> 那些只是耳聞而對海盜船隻的性質一竅不通的人，想像這些船
> 隻的形態 —— 不論是武裝或人員情況 —— 一定有什麼與別不同，
> 但閣下也注意到，中國的情況並不是這樣。在中國，大大小小的
> 船，不論進攻的還是防衛的，全部形態一致，武裝情況相若；任何
> 走上這些船的人，都說不清楚船上的人是誠實商人還是盜匪。在我
> 寫這封信的時候，這個港口的其中幾艘船很可能看準機會便下手掠
> 劫；也有可能是正在搜集有關的情報作進一步的行動。也清楚不過
> 的是，這裏滿佈盜匪（或海盜，不論哪個叫法更為合適）社團，
> 正在交換金錢或通行證。無論如何，有一種見解教我印象特別深
> 刻 —— 這些船跟海裏的魚一樣，只要有機會，大魚便會吃小魚，小
> 魚便會吃更小的魚。我相信我跟閣下提過為何此言非虛，曾有一艘
> 小船，從我們軍艦附近的另一艘船掠走一個女人，準備賣她為奴，
> 其後一艘貌似戰艦的船隻，又意外地把她救回釋放了。[15]

中國帆船的「性質」固然難以辨別，船上人員到底從事何種「職業」，也不
能簡單歸納。約翰・海便注意到：

> 從珠江到閩江，島嶼相連，當中河道交錯，是船舶理想的錨
> 地。經歌連臣（Collinson）與凱利特（Kellett）兩位軍官的勘察，這
> 一帶水道的狀況，已經可以準確得知。縱橫在這些水道上的，不錯
> 都是刻苦耐勞的船民，但他們也會毫不猶豫地在他們名正言順的船

14　*Piracy at, and in the neighborhood of Hong Kong, 6 July 1835 to May 1852*, ADM 125/145, pp. 33-34（頁碼按
　　鉛筆編號），collections of National Archives, Kew, UK. 此卷宗是一個將此段期間英國海軍駐香港及鄰近
　　海域的軍官發出的信函的合訂本，頁碼經多次重編，本文採用其中一種以鉛筆標記的頁碼。

15　*Piracy at, and in the neighborhood of Hong Kong, 6 July 1835 to May 1852*, ADM 125/145, pp. 47-48。

像，他的手下會在首領逃脫後還持槍站崗。[42]

也就是說，十五仔其實下落不明，但這在英國海軍給上級的報告中，都給模糊過去了。後來的英文資料顯示，十五仔和他六隻小艇逃脫了，最後被政府招安。[43]

四、十五仔真有其人？

到底十五仔是何許人也？關於十五仔的形象，約翰・海是這樣描寫的：

> 十五仔，又名張十五仔。他逐步建立起自己的勢力，成為首領，1845 年住在香港。目前，他年在三十至四十之間，身材高挑，下巴尖尖，上唇長長，鬍鬚剃得乾淨，膚色黝黑，勾鼻，雙眼又黑又大，微有天花痕跡。廣東巡撫徐（Seu）要求把他遞解，約翰・戴維斯爵士拒絕，因為直至 1846 年，他仍生活在英國國旗下。[44]

還有一個說法是，「十五仔」的原名是 Chin-chay-mee，他的母親名叫「十五」，他既是「十五」的兒子（仔），因此便被稱為「十五仔」。[45]

在時間上最接近上述英文文獻所述的鎮壓十五仔行動的中文文獻，較直接相關的是《葉名琛檔案》。在一份道光「廿九年八月廿四日拜發」（即 1849 年 10 月 10 日）的兩廣總督徐廣縉和廣東巡撫葉名琛的奏稿中，有這樣的敘事：

42　Beresford Scott, *An Account of the Destruction of the Fleets of Chui-Apoo and Shap-Ng-Tsai on the Coast of China in September and October, 1849*, p. 153.

43　Grace Estelle Fox, *British Admirals and Chinese Pirates 1832-1869*, p. 109.

44　John Dalrymple Hay, *The Suppression of Piracy in the China Sea*, p. 27. 這裏廣東巡撫（Viceroy of Quantung）Seu 應該是指徐廣縉，徐任兩廣總督前曾任巡撫。

45　Beresford Scott, *An Account of the Destruction of the Fleets of Chui-Apoo and Shap-Ng-Tsai on the Coast of China in September and October, 1849*, p. 207.

　　……竊查：本年夏間，西海洋面，報有新安、陽江、歸善三幫匪船，分路滋擾，該處洋面毗連陽江、瓊州兩鎮，當飭兩鎮會剿，乃未及會合廣海寨師，船先聞有被燒情事，而瓊州鎮亦迎剿失利，府城外十里，有海口鎮，商賈輻輳，形勢最為扼要，署參將陳魁倫駐劄該處，竟敢坐視，畏葸不前，以致師船多被焚毀，洋匪越行猖獗，遂至三次登岸，窺伺劫掠，賴有署守備黃開廣，督飭兵勇，連挫其鋒，擊斃賊匪二百八十餘名，賊不敢逼，海口始保無虞，洋匪由是忽聚忽散。自六月十八日以後，瓊洋並無匪船一隻……

　　這份奏摺接下來列舉了拿獲洋匪的名單，當中並無「十五仔」或任何張姓的人名。至於原任署守備的黃開廣，因為「護理瓊州鎮總兵、崖州協副將何芳迎剿失利」，「護理海口營參將陳魁倫見賊畏葸，當經撤任」，被委「越級代理署廣海寨遊擊」。[46] 這可能是為什麼在英文文獻中，他被稱為「Acting Major General」的理由，「acting」即代理或署理之意。

　　在另一份也是徐、葉於道光廿九年十一月十五日（即 1849 年 12 月 28 日）拜發的奏摺稿中，則提到八月二十六、二十七日，九月十五、十六日和二十五日的事情，在時間上與英文資料所敘述的 10 月 13 日至 26 日（即陰曆八月廿七日至九月十一日）間中英兩軍的合作最為接近。該奏摺曰：

　　……伏查：自八月二十二日具　奏籌辦洋匪情形以後，各路搜捕，續有揜獲。八月二十六七等日，據水師提臣洪兩次委弁，解到梁亞松等二十一名、張亞有等十七名；九月十五六等日，據歸善縣兩次解到陳亞帶等十一名、曾火嬡等十七名；九月二十五日，據合浦縣解到曹亞勝等十三名，俱經發交臬司分別研訊，先行定擬，請令正法，或尚留省核辦。共計生揜者九十六名。該匪見搜捕嚴緊，不敢在內洋游奕，所有陽江、新安、歸善各匪船，合幫竄入安南夷

46　劉志偉、陳玉環主編：《葉名琛檔案：清代兩廣總督衙門殘牘》，第五冊，頁 163－164，FO931/1026。

洋，是以未便越境窮追。嗣據瓊州鎮稟報，有英夷巡海兵船，挾該匪前曾劫其貨船之嫌，跟蹤尋至安南花封洋面，與該匪撞遇，開礮轟擊，安南亦恨其入境滋擾，合力夾攻，施放火箭，將匪船燒毀大半，擊斃溺斃者，約有數百人，餘匪皆管駕小船，冒煙突火，分馳而走。是該匪等迭受重創，其勢已不能復振，惟既見敗於外夷，難保不糾合餘燼，復竄內洋。現經通飭沿海水師，逐段搜查，隨處堵截，頑抗者痛加剿捕，乞降者相機招撫，總期不留餘孽，以靖地方而安洋面，除將陳魁倫、鄺勉失事各情，審明定擬，另行具奏外，所有陸續搜捕洋匪緣由，臣等謹據實覆奏……[47]

　　上述奏摺，雖然有談到英國的軍艦追蹤到越南海域，卻完全沒有提到中英兩軍的合作。在徐廣縉等咸豐元年正月二十二日的一份奏稿中，提到「自盜首黃白荳嚴加剿滅，張開平等分別就撫」之後，時任護參將的黃開廣與其他水師將領在道光三十年十一月再次堵緝洋匪，說黃開廣「親自擊楫操舵，叱令弁兵，奮勇兜捦，並與署千總李新明，俱親點大砲轟擊，盜匪紛紛落水淹斃……」，並謂經確切查明，會加以獎勵提拔。[48]

　　這兩份奏摺列舉的盜匪名單，並無「十五仔」的名字，而姓張的人則有「張亞有」和「張開平」，其中「張開平」就撫，他會否就是「張十五」？必須說明的是，現存的「葉名琛檔案」乃殘牘，當時兩廣總督衙門會否有其他文件寫有十五仔的名字，實未可知；而中英兩方合作對付海盜的事情，在奏摺中隻字未提，卻完全可以想像和理解。

　　咸豐七年出版的《瓊山縣誌》，則提到了道光二十九年十月張十五被招撫的事。志曰：

　　　　道光二十九年正四月二十六日，海賊張十五仔等，駕船數十，

---

47 劉志偉、陳玉環主編：《葉名琛檔案：清代兩廣總督衙門殘牘》，第五冊，頁 195－196，FO931/1034。「英夷」的「英」字原文左偏旁有「口」字。

48 劉志偉、陳玉環主編：《葉名琛檔案：清代兩廣總督衙門殘牘》，第六冊，頁 142－144，FO931/1273。

乘潮突入海口港，時兵船二十餘隻，將出哨，不及備，甫交戰，官船器械火藥俱失，官兵奔竄逃匿，賊勢愈熾，人心惶懼，郡城戒嚴。閏四月初二三日，攻海口城，自辰至午，守備許穎升、署守備黃開廣，全崖州副將吳元猷，悉力禦之，殺賊十餘名。碣石鎮王鵬年男某，復從西面陷陣，悉力禦敵，殺賊巨酋一人，乃退。初四夜復來襲，船上火光燭天，設為疑兵，黃開廣令人從暗中開礮，殺賊數十名，賊氣奪，退泊鋪前港，三十餘日後，漸流劫各州縣，官兵不能救。十月，太守林鴻年主議招撫張十五，上海口安插，給頂帶，黨與漸散，海氛以息。新設礮臺於舊礮臺內。[49]

也有另一個說法，是「十五仔」根本不是一個人。《德臣西報》便說：

感謝某通訊人員，給我們提供以下有關十五仔的資訊。過去我們都假設十五仔是海盜頭子的名字，現在看來，十五仔是一個兄弟幫派的代號，與三合會關係密切：

我們的情報人員說：「Shap-ng-tsai」是「十五仔」的廣州話讀音，意思是「十五個男子」。他們由三合會建立，跟神聖的數字 —— 也就是五個「洪子」或三合會 —— 混作一談。人們說，「三五一十五」，「十五仔」便是這樣來的。那些與三合會沒有關係的人都是這樣解釋「十五仔」這個稱號的。

在「十五仔」這個名號之下，有三個團夥，分別遞屬三個首領，即：——

梁（Leang）、張（Chang）、劉（Lew）（廣州人的念法是Laou）。每個首領有自己的艦隊，行動獨立。三人之前都位處外海水域範圍，部分在廣東省南面，部分在北面。

梁是順德人，一度是三個中最凶狠的，據說徐廣縉（Seu）經常

49　咸豐《瓊山縣誌》，咸豐七年刊本，卷十一，頁25b —— 26a。文中似有幾處錯訛，「碣石鎮王鵬年男某」中「男某」疑為贅字，「頂帶」應為「頂戴」，「黨與」應為「黨羽」。

想用官爵收買他，他倆不久（約六週前）前曾會面，只是雙方沒有談攏。

張目前在西南沿岸，也是英國海軍正在追蹤的。他與本地官員關係惡劣，去年在電白曾跟官兵交手過幾次。他打敗了官兵，俘虜了部分官員，他的主要基地是海南。

劉的情況也差不多，也是官員的眼中釘。他的基地在珠江。好些擄掠快艇、圍困帆船等，都是他幹的好事。聽候他的船隻都停駐在隱蔽的海灣，他還僱用了好些小船、漁船等，來幫忙從事海盜活動。

三合會好些成員據說都以廣州、香港和其他地方的岸上為基地，他們的任務是給首領提供最新情報。他們似乎也幹一些體面的生意，並得到三合會的支持。[50]

相形之下，徐亞保的「形象」便清晰很多了，這是因為他後來被抓獲，在《倫敦時事畫報》（*The Illustrated London News*）有一張他的畫像（圖4）。

CHUI-A-FOO, THE CHINESE PIRATE.—(SEE NEXT PAGE.)

◁　圖4：「徐亞保像」，*The Illustrated London News*, 14 June 1851.

50　*The Chin Mail*, 1 November, 1849, No. 246, p. 175.

也許恰恰由於十五仔的形象撲朔迷離，具有一定的傳奇性，其名字在光緒年間的幾種文獻中，包括《清廣東候補道使史樸墓碑》（後摘錄收入《清史稿》史樸傳）、《重修電白縣誌》、《新寧縣誌》等，在述及道光二十九及三十年海盜侵擾當地的事件時，都有出現，而且在相關紀事中，並無其他海盜的名字。「十五仔」儼如道光年間華南海盜最具代表性的人物，在地方上口耳相傳。[51]

五、「十五仔的旗幟」其貌？

不論是中文或英文文獻，皆未見具體提及英國國家海事博物館藏這面的「十五仔的旗幟」。當然，正如官兵一樣，海盜用旗幟來代表威權和組織系統，是十分常見的。《靖海氛記》說嘉慶年間海盜分成多「夥」，每夥以一種顏色的旗代表。該書曰：

> ……則有紅黃青藍黑白旗之夥，蜂起海面，曰鄭一、吳知青、麥有金、郭婆帶、梁寶、李尚青，共六大夥。其餘又有小夥，以分附各旗焉。吳知青（混名東海伯）統黃旗，李宗潮附之；麥有金，烏石人（因號為烏石二）統藍旗，其兄麥有貴、弟有吉附之，以海康附生黃鶴為之謀士；郭婆帶（後改名學顯）統黑旗，馮用發、張日高、郭就喜附之；梁寶（混名總兵寶）統白旗；李尚青（混名蝦蟆養）統青旗；鄭一則紅旗也。各立旗號，分統部落……惟張保後出最勁。自張保出，復有蕭稔蘭（混名香山二）、梁皮保、蕭步鼇等夥，然皆統屬於張保，而張保又屬於鄭一嫂，紅旗遂獨雄於諸部矣。[52]

英國海軍也的確用旗幟來辨識十五仔的行蹤甚至位置。斯科特在書裏提到，

51　見〈清廣東候補道使史樸墓碑〉，載河北省唐山市政協文史資料委員會編：《唐山碑刻選介》第 2 輯，該會 2004 年出版，頁 425；《清史稿》列傳 239，民國十七年清史館本；光緒《重修電白縣誌》，光緒十八年刻本，卷二十九，頁二十；光緒《新寧縣誌》，光緒十九年刻本，卷十四，頁十八。

52　袁永綸：《靖海氛記》，羊城上苑堂發兌，道光十年，丁酉年新續，上 3。

1849 年 9 月 8 日，「索姆斯上校（Soames）上了一艘小鹽船，被告知這隻船曾被一艘大帆船劫掠，有一半的海盜在附近的海灣。這些海盜的有關文件已全數取下，還有一面旗幟，是屬於西部沿海惡名昭彰的十五仔的。他的帆船裝備包括十一枝槍炮，其中一枝是二十四磅大口徑短炮（24-pound carronade），看來是英國製造的⋯⋯船長是一個名為 Ahung 的香港男人」。[53] 斯科特又提到，根據另一個英國上校的情報，當十五仔帶領一百多艘帆船航行時，會在桅頂掛一支將旗，或掛上自己的旗幟（一面紅底圍以黑邊的三角旗），該旗就放在他船上的夾板上。[54]

十五仔的旗幟似乎是很容易辨認的。據說，黃開廣在 1849 年 9 月 12 日見到英國海軍捕獲的海盜和旗幟時，馬上認出那就是十五仔的旗幟。[55] 談到 1849 年 10 月 20 日海上大火的情景時，斯科特說：「從弗萊格桑號發出一枚炮彈，把十五仔的帆船，連同船員和一切的東西，都轟到天上去了，當煙霧散去後，他引以為傲的那艘旗艦（flagship），在水面上半點痕跡也沒有。他的旗幟和他船尾的欄杆的一部分經多次爆炸，仍存在了一陣，那面旗幟繼續飛揚，直至被火完全吞噬為止。」[56]

克里也是用旗幟來辨識海盜船。他說：「我們現在能數到五十隻帆船，有些很大，飄着紅藍二色的旗幟⋯⋯當我們靠近他們時，最大的那艘，裝有四十六枝槍⋯⋯飄着一枝紅藍二色的旗幟，還以無數的其他旗幟作裝飾⋯⋯當煙霧散去後，這隻大船沉下了，只剩下高聳的船尾和後桅，還有海盜的紅藍二色旗，在船骸上驕傲地漂浮。」[57] 談到 10 月 21 日黃昏的情景時，克里也提到所有英國的

53 Beresford Scott, *An Account of the Destruction of the Fleets of Chui-Apoo and Shap-Ng-Tsai on the Coast of China in September and October, 1849*, p. 15.

54 Beresford Scott, *An Account of the Destruction of the Fleets of Chui-Apoo and Shap-Ng-Tsai on the Coast of China in September and October, 1849*, p. 141.

55 Beresford Scott, *An Account of the Destruction of the Fleets of Chui-Apoo and Shap-Ng-Tsai on the Coast of China in September and October, 1849*, pp. 19-20.

56 Beresford Scott, *An Account of the Destruction of the Fleets of Chui-Apoo and Shap-Ng-Tsai on the Coast of China in September and October, 1849*, pp. 150-151.

57 Michael Levien ed., *Naval Surgeon: The Voyages of Dr. Edward H. Cree, Royal Navy, as Related in His Private Journals, 1837-1856*, p. 197.

船都「滿載槍矛、刀劍、旗幟、神像各物而歸」。[58]

　　克里在為自己的日誌加上插畫時，也不忘在火燒群船的一幕點上無數面紅色的旗幟，使整個畫面呈現出一片火與血的色調，並名之為「在北部灣上攻擊十五仔的海盜船」（Attack on the pirate fleet of Shap-ng-tsai in the Tonquin River）。[59] 也許由於他愛畫畫的關係，對一切圖案會比較敏感，他甚至從十五仔的船上檢獲的物品中挑了一塊以祥雲為背景中間畫有一個龍頭的碎紙，夾在他的日記本裏，至今尚存。可惜，這個手繪的龍頭圖案（圖5），與本文一開始描述的所謂「十五仔的旗幟」的圖案無甚相同之處。

⬈ 圖 5：克里謂從十五仔的帆船上撿到的碎紙
資料來源： Michael Levien(ed.), *Naval Surgeon: The Voyages of Dr. Edward H. Cree, Royal Navy, as Related in His Private Journals, 1837-1856*(New York: E. P. Dutton, 1982)， p. 201.

58　Michael Levien ed., *Naval Surgeon: The Voyages of Dr. Edward H. Cree, Royal Navy, as Related in His Private Journals, 1837-1856*, p. 202.

59　Michael Levien ed., *Naval Surgeon: The Voyages of Dr. Edward H. Cree, Royal Navy, as Related in His Private Journals, 1837-1856*, pp. 198-199.

六、餘話：歷史遺物與歷史傳說

　　「十五仔的旗幟」在現存文字資料中難覓蹤影，那到底意義何在？如果《德臣西報》的說法屬實，十五仔實無其人，則約翰・海一直追擊的敵人原屬子虛烏有，這顯然對他報功是不利的。如此一來，「十五仔的旗幟」的存在，便顯得更有價值。英國皇家海軍長期被華南海盜滋擾，發生了軍官被殺事件後，收到情報說是著名海盜十五仔的同夥徐亞保所為，當然希望去之而後快。順應英國海軍部在 1848 年頒佈的新政策，駐東印度及中國海域的英國海軍在 1849 年發動了首次較大規模的軍事行動，將橫行華南的一批海盜船炸得稀巴爛，但先是徐亞保逃脫了，後來也沒有捕獲十五仔，自是十分遺憾。過去，每有戰事，軍人會在戰場上收集戰利品，回來在自家展示，或奉獻國家，以彰顯戰績。「十五仔」這個名字既然已頗為聞名，頻頻在報告中出現，戰利品中如能有一面叫「十五仔」的旗幟，等於說明了這次軍事行動取得了九成的勝利，比起冗長的書面報告顯然讓人更印象難忘。

　　至於「黃開廣將軍的華蓋」，大抵也異曲同工。清朝水師和英國海軍在 1849 年時大抵沒想到，不足十年後，黃開廣會與英軍對壘。博物館藏品記錄說「黃開廣的華蓋」是在第二次鴉片戰爭期間佛山涌戰役，於 1857 年 6 月 1 日虜獲的。關於這次事件，在《英吉利廣東入城始末》中的記載是：「七年五月初十日，瓊州鎮黃開廣以師船、紅丹船百餘號，與夷船戰於三山，我軍潰，夷船追至佛山而止，未登岸」，內容大體與博物館相關記錄吻合。[60] 戰場上英軍不一定能認識多少個中國軍官，但不足十年前曾合作過的黃開廣，可能有所聽聞；當時的黃開廣，也真的如克里所料，已榮升瓊州鎮總兵官了。[61] 當年的戰友成了今天的敵人，會否是這樣的印象，讓這面按禮制不可能由總兵官使用的華蓋，成了「黃開廣的華蓋」？

　　「十五仔的旗幟」，經一番文獻爬梳，雖難有實質性的證據能說明其主人誰

60　七弦河上釣叟：《英吉利廣東入城始末》，清仰視千七百二十九鶴齋叢書本，頁 2b。

61　咸豐《瓊山縣誌》，卷十四，頁 4b，謂黃開廣是「廣東廣府順德人，由鄉勇，咸豐五年任（總鎮）」。

屬，估計要查考「黃開廣的華蓋」的身世，也是徒勞無功。但以一件實物為中心，展開追查文獻，讓我們對同一宗事件有多角度的認識，並對在博物館陳列展示或塵封倉庫的藏品的相關介紹多了一分懷疑，而不會簡單地認為既「有物為證」，就必然可信，也不失為一種有益的史學練習。

真假軍旗：東和輪船被劫案與粵英聯合剿盜行動（1924-1925）*

朱志龍
孫中山大元帥府紀念館

一、被扣押的「粵軍第一師師長李」軍旗

英國國家海事博物館藏有一面寫有「粵軍第一師師長李」的藍底方形旗，這面旗由一大一小兩面旗組成，上端的小方旗是代表國民黨的青天白日旗，下端的大方旗寫有「粵軍第一師師長李」等字樣（圖 1）。根據該館介紹，軍旗由英國皇家海軍軍艦涅索斯（Nessus）號的亨特中尉（Lieutenant J. A. H. Hunter）於 1926 年在廣東區域的一艘中國海盜汽艇上截獲，據推測，它很可能是一面偽冒的軍旗。[1] 涅索斯號是一艘 150 噸的內河輪船，裝有一支三磅炮，於 1926 年在香港購入，1929 年售出。[2]

所謂「粵軍第一師師長李」，是指李濟深。粵軍第一師是二十世紀二十年代廣東的一支地方軍隊，1921 年由粵軍參謀長鄧鏗創立，1925 年被改編為國民革命軍第四軍，「粵軍第一師」這一軍隊番號遂取消。1923 年至 1925 年間，粵軍第一師主要駐紮在西江流域廣東肇慶至廣西梧州一帶。李濟深於 1923 年出任粵軍第一師師長，1925 年升任國民革命軍第四軍軍長，「粵軍第一師」的名義，按理自 1925 年始不復存在，英國國家海事博物館的藏品資料謂這面「粵軍第一師」軍旗在 1926 年截獲，並懷疑其為偽冒，很可能就是根據上述歷史背景斷定的。

這面旗幟究竟是否偽冒？該館尚未提供更多的資訊。幸運的是，筆者在收集

---

* 本文蒙程美寶教授撥冗斧正，所引用的英國國家檔案館館藏檔案均由程教授提供，在此謹致謝忱！

1 關於該旗幟的介紹，參見英國國家海事博物館官方網站（Royal Museums Greenwich）：http://collections.rmg.co.uk/collections/objects/527.html，2018 年 11 月 14 日瀏覽。旗幟為棉布材質，上端小方旗的尺寸是 177.8×241.3 毫米，下端的大方旗尺寸是 939.8×1003.3 毫米，整體尺寸是 1193.8×1066.8 毫米。

2 J. J. Colledge, *Ships of the Royal Navy: An Historical Index, Vol. I, Major Ships* (Newton Abbot: David & Charles, 1969), p. 381.

一合法之船東無疑矣，遂將捷一交還其代表人駛回香港。[14]

　　據英國海軍駐西江艦隊總指揮所言，其軍隊所扣押的輪船是冼善之向香港船政司申報被海盜奪去的「捷一」輪船。冼善之，東莞寶安縣人，1923 年因支持背叛了孫中山的陳炯明部隊，被廣州大元帥府視為附逆，其家產被召變充餉。[15]李福林以「該輪之扣留，固屬英艦所主動，即該輪之發落，亦純由英艦所主張，足見與本部始終並無關係」為由，要求李濟深直接找英國海軍駐西江艦隊總指揮交涉。李濟深對此深感不滿，他在 1925 年 4 月的覆函中嚴詞駁斥曰：

　　敝師長認為不滿於貴部者有三：當該輪扣留之初，交涉署即與英領嚴重交涉，即貴軍長亦知該輪懸有軍旗，且明知為中外交涉之案，何以不問之本國政府交涉機關，直接受外人驅使，擅將該船夥提去，致該輪無人看守。既稱訊得張桂林等並無別項情節，顯非海盜，當然送該船夥回船服務，聽由交涉員署與英領交涉，何以貴軍長扣留船〈夥〉在部日久，絕不通知敝部，此敝師長之不滿意者一也；據英領函開，「查此事一經查得東和並非英船，但懸華旗，即由本國水師上級官與剿匪司令李軍長福林接洽，李軍長審查之後，飭令該船應交還原主矣」等語，是該船之發落，純由貴軍長審查後之主張，有英領正式公函，為何以貴軍長遲遲不答，相隔月餘，始委為不知，此敝師長之不滿意者二也；至該輪為冼逆善之物業，由政府充公投變而來，且經由商人廖培具呈省署轉諮粵海關稅務司，將該輪捷一原名、牌照撤銷有案，即譚君禮廷尤為明白，何以貴軍長不顧全政府之威信，而偏袒逆黨之物業，只知有捷一之原主，不知

14　〈李福林致李濟深函〉（1925 年 3 月 27 日），中國第二歷史檔案館藏，廣州地區檔案，6/356。麥士嘩勞士吉英文原名為 M. Maxwell-Scott。引文中「輪伴」疑為英文「shipmate」的直譯，指同船船員。

15　〈給程潛的指令〉（1923 年 8 月 17 日）、〈給廖仲愷的訓令〉（1923 年 8 月 20 日）、〈給梅光培的指令〉（1923 年 8 月 25 日），中山大學歷史系孫中山研究室編：《孫中山全集》，第 8 卷（北京：中華書局，1986），頁 137、144－147、166。

有東和之原主，此中情節，殊難索解，此敝師長之不滿意者三也。[16]

李濟深函中提到冼善之的「捷一」小輪早已被政府充公投變，改名「東和」。在李濟深致上函與李福林之前，東南公司也具文呈報粵軍總司令許崇智，詳細說明「捷一」輪船轉賣、改名「東和」以及租給粵軍第一師的經過：

> 昨年七月用價買受福利船一艘，查該船原名捷一，係政府查封冼善之逆產案內物業。十二年十一月由福利公司在廣東全省官產清理處備價承領，易名福利，給有證書為憑。經福利公司代表廖培呈請政府轉諮海關稅務司，將其捷一輪船拍照撤銷有案。商公司買受後，即入塢修理，再易名東和，旋租與粵軍第一師李師長為差遣之用。[17]

1925 年 5 月，為了盡快索回東和輪船，李濟深一面呈請許崇智出面解決，[18] 一面則向代理大元帥職權的胡漢民申訴道：

> 英領亦既查得東和並非英船，但懸華旗，何以交涉員署送經交涉，英領置之不理，竟交由李軍長福林審查。之後該輪既不交回代表政府之交涉員署發落，又不交回職部，乃交與逆黨冼善之，揆之情理、法律，均無所可。且此案明為中外交涉之案，該輪為投變逆產之輪，李軍長豈不知之。在外人之蔑視，我國政府據理與之爭，不知李軍長此等舉動，將置政府威信於何地。綜核該案始末情形，按之國際公法，英領事既屬糊混，而李軍長尤為不當。除呈報許總司令外，理合將職部東和差遣輪船被奪緣由，呈請帥座察核，乞即分別嚴行追究，務使東和輪船交回東南公司原主，以清職部租約之

---

16 〈李濟深致李福林函〉（1925 年 4 月），中國第二歷史檔案館藏，廣州地區檔案，6/356。

17 〈東南公司致許崇智函〉（1925 年 3 月），中國第二歷史檔案館藏，廣州地區檔案，6/356。

18 〈許崇智給李濟深的指令〉（1925 年 5 月 15 日），中國第二歷史檔案館藏，廣州地區檔案，6/356。

責任，而維持政府之威信，實為公便。[19]

從 1924 年 11 月至 1925 年 5 月，案件歷經半年懸而未決，東南公司迭次要求李濟深照約賠償。1925 年 5 月 19 日，李濟深再次呈請胡漢民，希望由政府承擔賠償的責任：「忖思該輪既係政府封變洗逆善之物業，復經前官產處准予商人備價承領給照管業有案，今英艦與李軍長福林竟稱為洗逆奪去，在職部方面，准以商場租賃條約，自應遵照賠償，在政府方面，律以物業交易習慣，如有軒輊，係賣主理妥，是政府應負其責。」李濟深進而提出由大元帥府指定相當的官產撥歸東南公司，抵償東和輪船的損失。[20] 當日，胡漢民批示「已令李軍長福林將此案經過情形據實呈覆，應俟覆到再行核辦」。[21] 然而，廣州的局勢隨後進入多事之秋，6 月，大元帥府鎮壓滇、桂軍的叛亂，緊接着又爆發省港大罷工和沙基慘案。7 月 1 日，大元帥府改組為廣州國民政府。此案由是又遷延數月。

8 月 15 日，李濟深呈請廣州國民政府，再度提出由國民政府「指撥相當官產或稅款，抵償東和差遣輪船損失」。[22] 當月 19 日，廣州國民政府批覆：

> 查該師長租賃東和輪船，以作差遣之用。事前並未經政府核准，與東南公司所訂租約，又未呈送政府備案。即令該船果難追回，亦斷不能由政府擔負賠償責任。況核閱鈔呈案卷，李軍長福林已於去〔今〕年五月將此案經過情形呈覆許總司令，許總司令以其辦理疏忽，除指令申斥外，一面函請交涉署據理與英領交涉，務求追回原船在案。該公司自應靜候追還給領，何得遽請撥款抵償，所呈殊無理由，未便照准。[23]

19　〈李濟深呈胡漢民文〉（1925 年 5 月 18 日），中國第二歷史檔案館藏，廣州地區檔案，6/356。

20　〈李濟深呈胡漢民文〉（1925 年 5 月 19 日），中國第二歷史檔案館藏，廣州地區檔案，6/356。

21　〈胡漢民給李濟深的指令〉（1925 年 5 月 19 日），中國第二歷史檔案館藏，廣州地區檔案，6/356。

22　〈李濟深呈國民政府文〉（1925 年 8 月 15 日），中國第二歷史檔案館藏，廣州地區檔案，6/356。

23　〈國民政府批李濟深文〉（1925 年 8 月 19 日），中國第二歷史檔案館藏，廣州地區檔案，6/356。

限於史料，此案無法繼續追蹤。李濟深最終有無追回東和輪船以及船上那一面被撤下的粵軍第一師軍旗，無從知曉。不過，在上述批覆發出數天之後，廣州國民政府的重要人物廖仲愷遇刺身亡，廣州當局再度動盪不安，李濟深申訴對象胡漢民、許崇智先後被迫離粵。廣東的軍隊也重新洗牌，李濟深和李福林分別出任國民革命軍第四軍軍長和第五軍軍長。此後，廣州國民政府組織國民革命軍相繼開展東征、南征和北伐。時過境遷，此案很有可能不了了之。

四、案件的背後：孫中山與英國合作打擊海盜

種種跡象顯示，東和輪船在西江容奇地區被英國海軍攔截一案，須置於當時孫中山大元帥府政權與英國海軍正進行合作的背景中，方能更準確理解。1924年至 1925 年間，英國海軍正與孫中山秘密開展聯合打擊海盜的行動，東和輪船正是在雙方的一次剿盜行動中被英國海軍扣押的。二十世紀一二十年代，英國政府深受廣東海盜困擾，毗鄰廣東的英治香港更是首當其衝。為解決廣東海盜問題，英國政府竭力尋求與廣州當局的合作。[24] 不過，最初廣州當局對與英國合作剿盜一事並未十分重視，龍濟光、孫中山、陳炯明等主導廣東局勢的人物均曾婉拒過英國的請求。

1923 年孫中山返回廣州重建政權後，實行聯俄容共，對英國採取強硬政策，粵英關係一再惡化。不過，為了鞏固政權，恢復廣東地方秩序，孫中山在某些方面也未放棄與英國的合作，共同剿盜就是其中之一。1924 年，孫中山與英國以共同剿盜的名義，秘密開展軍事合作。在外交方面，外交部長伍朝樞負責與英國駐廣州總領事協商，在軍事方面，則由粵軍第三軍軍長李福林與英國海軍駐

---

24 關於二十世紀二十年代英國在廣東的剿盜問題研究，可參閱應俊豪的相關論著：〈1924－1925 年英國政府處理廣東海盜問題的策略運用：粵英軍事合作剿盜行動〉（台北《「國史館」館刊》，2013年 9 月第 37 期）、〈1927 年英國海軍武力進剿廣東海盜研究〉（台北《國立政治大學歷史學報》，2014 年 5 月第 41 期）、《英國與廣東海盜的較量：一九二〇年代英國政府的海盜剿防對策》（台北：台灣學生書局，2015）、〈北伐後期以降的中英互動與海盜問題交涉 1928－1929〉（台北《國立政治大學歷史學報》，2017 年 5 月第 47 期）。

西江艦隊協調處理。[25] 雙方聯合開展了多次剿盜行動，合作的方式是以中國軍隊率軍進剿，英國海軍駐西江艦隊派出艦艇助陣。

　　1924 年 3 月，雙方第一次聯合開展行動，效果顯著，珠三角的海盜一度沉寂。同年 11 月初，李福林與英國西江艦隊總指揮麥士嘩勞士吉再次謀劃進繳海盜聚落的行動。[26] 當月 24 日，雙方對西江流域小欖水道和雞鴨水道之間的幾處海盜巢穴進行了突擊。據麥士嘩勞士吉事後撰寫的報告顯示，這次聯合掃蕩行動計劃摧毀一些海盜和武裝汽艇以及大約三百人的海盜團夥，據說他們擁有四門小型野炮以及大約三十挺湯普森機關槍。雙方原本計劃在 23 日黎明展開攻擊，但就在前一晚 8 點，他收到李福林的來信，告知海盜已經轉移位置，行動延遲至 24日。麥士嘩勞士吉因此不得不在 23 日前往容奇與李福林會面，以確定最終的剿盜計劃。與此同時，英國海軍西江艦隊派出狼蛛號、松雞號、知更鳥號三艘炮艦以及三艘武裝汽艇承擔封鎖水路、防止海盜逃逸等輔助任務。24 日上午，李福林的部隊登陸剿盜，但其所部士兵事前不慎走漏消息，大部分海盜在攻擊行動開展前已經逃逸。進剿過程中，因海盜奮力抵抗，知更鳥號使用 6 磅炮轟擊，松雞號亦隨之開火攻擊意圖突圍的海盜。此次行動造成海盜死傷約二十餘人，逮捕四十二人。松雞號抓住一艘帆船及船上的四名海盜，並交給李福林。為繼續追捕逃逸的海盜，英國炮艦又在附近水域展開了大規模的搜捕行動。[27] 英國炮艦捕獲一艘被海盜遺棄的汽艇，擊沉了另外兩艘。海盜紛紛逃往東江水域，因那裏水位較淺，不利於艦艇行動。在接下來的一週當中，英國炮艦再度抓捕了四艘海盜武裝汽艇。搜捕期間，所有路過的汽艇都被叫停，如果他們對自己的行為沒有令人滿意的解釋，會被扣押並交給李福林將軍審查。[28]

　　結合上述報告及東和輪船於 1924 年 11 月 25 日下午在容奇被英國輪船攔截

25　應俊豪：〈1924－1925 年英國政府處理廣東海盜問題的策略運用：粵英軍事合作剿盜行動〉，《「國史館」館刊》，2013 年 9 月第 37 期，頁 13。

26　"Letter", by Bertram Giles, Consul-General, Canton to the Governor of Hong Kong (10th November, 1924), FO228/2875, Collection of the National Archives, UK.

27　"Anti Pirate Operations on 24 November, 1924", by Commander M. Maxwell-Scott, Commander. S.N.O, West River, FO228/2875, Collection of the National Archives, UK.

28　Naval Intelligence Division, Naval Staff, Admiralty, Confidential Admiralty Monthly Intelligence Report, No.106 (15 March 1928), p.32, CO129/507/3, Collection of the National Archives, UK.

情況，東和輪船很可能是在李福林與英國海軍開展的聯合剿盜行動結束後，英國海軍繼續在附近大規模搜捕時被扣押的，理由是該船「懸有軍旗，又無船照，詢諸各船夥，所述皆不得滿意」，[29] 這正與麥士嘩勞士吉報告最後提到的情況吻合。行動結束後，東和輪船被英國海軍帶到廣州，停泊在英國狼蛛號炮艦旁邊。[30]

　　粵英之間合作打擊海盜的行動是在極為秘密的情況下開展的，所以李濟深不明白東和輪船為何會被英艦奪去，也不理解英國總領事為何要將東和輪船交給李福林處置，而不是交給負責外事工作的廣東交涉署處理。在案件交涉過程中，無論是英國總領事還是李福林，均對粵英合作剿盜一事三緘其口。此外，許崇智、胡漢民以及廣州國民政府給李濟深的批覆中，亦未有明確的解釋。實際上，廣州當局只有孫中山、伍朝樞、陳友仁、李福林等少數人知曉，且往往是高層直接交辦，未留下文獻記錄。當時，孫中山正與蘇聯、中共合作，積極開展反英宣傳，一旦暴露粵英合作，對大元帥府政權必然產生不利影響。英國方面則極力避免陷入廣東內部紛爭，擔心令人產生其介入中國內政的嫌疑，甚至引起中國內部的不滿勢力借此煽風點火促成反英運動，因而也有意避免公開消息。雙方均將合作剿盜一事視為機密事項。當時的中英文報紙都僅約略提及，未有詳細報道。[31]

　　1925 年 6 月，省港大罷工和沙基慘案先後爆發，粵英之間嚴重對峙，英國海軍與李福林聯合剿盜行動也不得不停止。1926 年 11 月，省港大罷工宣告結束不久，英國駐廣州總領事隨即尋求與廣州當局在大亞灣繼續聯合剿盜，李濟深

29　〈李福林致李濟深函〉（1925 年 3 月 27 日），中國第二歷史檔案館藏，廣州地區檔案，6/356。

30　"Anti Pirate Operations on 24 November, 1924", by Commander M. Maxwell-Scott, Commander. S.N.O, West River, FO228/2875, Collection of the National Archives, UK.. 麥士嘩勞士吉的報告中，提及 "Tarantula left Canton on the forenoon of the 23rd"（狼蛛號在 23 日上午離開廣州）。1923 年 12 月，粵英關係劍拔弩張，英國派出摩空、羅便兩艘淺水炮艇和太倫杜拉號、美格諾黑亞號、士卡拿秋蟬號三艘炮艇泊於沙面前（見陳獨秀：〈一九二三年列強對華之回顧〉，《陳獨秀文章選編》，北京：三聯書店，1984，頁 400－410）。可見，英國海軍駐西江艦隊平時或駐守廣州，保衛沙面租界安全。

31　應俊豪：〈1924－1925 年英國政府處理廣東海盜問題的策略運用：粵英軍事合作剿盜行動〉，台北《「國史館」館刊》，第 37 期，2013 年 9 月，頁 9、10、43、44、45。筆者在翻閱中文文獻時，對如此重要的粵英合作打擊海盜的歷史未有詳細記載，亦曾感到困惑。

似也參與其中。[32] 饒有趣味的是，當李濟深 1928 年成為廣東實際上的最高領導者時，同樣與英國秘密開展打擊海盜的合作。[33]

五、餘論：旗幟來源及其真偽

東和輪船案中被英國海軍撤下的「粵軍第一師」軍旗是否就是英國國家海事博物館收藏的那面呢？倘若將東和輪船被劫持的過程與該館有關旗幟的記錄對比，可以發現，兩者情形非常相似，即同樣是英國海軍在廣東水域從中國船隻（且都被認為是海盜船）上繳獲的粵軍第一師旗幟。但由於東和輪船事件發生的年份、細節和英國國家海事博物館的藏品記錄尤其是年份（即謂軍旗由英國皇家海軍軍艦涅索斯號的亨特中尉於 1926 年在廣東區域的一艘中國海盜汽艇上截獲）並不吻合，似乎不能斷定英國國家海事博物館所藏旗幟就是東和輪船上懸掛的軍旗。

面對這種在事情性質上雷同但在事情細節上並不吻合的情況，同時又明明有一件歷史幾近百年的文物置於外國的博物館，我們可以如何理解和詮釋呢？第一個可能是英國國家海事博物館的藏品記錄有誤，這需要查閱該館更多的材料才能證明；第二個可能是儘管「粵軍第一師」的名目在 1926 年時已不復存在，但其軍旗仍有流傳，舊旗被人冒用甚或偽造，掛在民船或海盜船上掩人耳目，這就是英國國家海事博物館認為這面旗幟很可能是「冒用」（false colours）的原因。畢竟如李福林所言，二十世紀二十年代廣東盜匪偽冒軍旗以施行劫掠是屢見不鮮的。[34]

---

32 譚延闓：《譚延闓日記》，第 16 冊（北京：中華書局，2019），頁 362－363，日記 1926 年 12 月 2 日載：「英領事來，首言新任公使欲至漢見陳友仁，繼言比亞斯灣令剿匪事……胡謙、李濟深來商剿匪，比亞士灣即大鵬云。」大鵬灣，英文名 Mirs Bay，又叫馬士灣。當時很多人分不清大鵬灣和大亞灣（即 Bias Bay，又譯比亞士灣或拜亞士灣）。見 "Letter", J. F. Brenan, Acting Consul General, Canton to Governor H.K. (December 3rd,1926), FO228/2876, Collection of the National Archives, UK.

33 參見應俊豪：〈北伐後期以降的中英互動與海盜問題交涉 1928－1929〉，台北《國立政治大學歷史學報》，2017 年 5 月第 47 期。

34 〈李福林致李濟深函〉（1925 年 3 月 27 日），中國第二歷史檔案館藏，廣州地區檔案，6/356。

⋏　圖 1：「粵軍第一師師長李」軍旗，編號 AAA0527　ⒸNational Maritime Museum, London

空母艦到大亞灣，偵查甚至轟炸沿岸的海盜據點。鎮壓海盜的行動潛水艇 L5 號於 1927 年 10 月擊沉愛仁輪（SS Irene）的事件，使數十名乘客和船員死亡。其後，擁有中國輪船航運公司的中國政府控訴 L5 的艦長，但後者被判毋須負責。案件並未成為轟動事件，主要是因為中國陷於連場內戰，而且自 1925 年後便利用反英情緒提升自己地位的中國國民黨正存在激烈的權力鬥爭。

（三）案例 III：抗日戰爭

1928 年後，中國局勢持續惡化。1931 年，即國民黨定都南京成立國民政府三年後，日本關東軍侵佔東北三省。1932 年 2 月至 3 月，中日兩軍在上海衝突。可是，自 1933 年以後，皇家海軍發現它很難增援亞洲水域，因為歐洲的局勢亦開始惡化。中國區艦隊遂被迫以較日本海軍遠為弱小的兵力繼續履行其複雜微妙的任務。當日本與國民政府在 1937 年 8 月於上海開戰時，中國區艦隊只有一艘航空母艦、數艘條約型巡洋艦，還有驅逐艦和潛水艇分隊各一支。當時，即使日本海軍航空隊尚未成為強大的戰鬥力，日本海軍仍擁有至少十艘可以作戰的戰列艦和許多巡洋艦。於是，當中國區艦隊遭遇到日本海軍的挑戰時，指揮官只能迴避衝突，但同時又要維持英國的聲望。這項任務對於身在前線的人員而言，可謂極為艱巨。

在抗日戰爭初期，中國區艦隊即因為雙方的軍事行動而遇到攻擊。1937 年 12 月 12 日，日軍已佔領上海，並在一場激烈而混亂的戰鬥後攻佔南京。南京守軍雖然不乏堅決抵抗的部隊，但守將唐生智指揮混亂，其後更棄城逃走，使潰敗一發不可收拾。另一方面，日軍則試圖圍殲國軍。為防國軍沿江撤退，日軍以火炮和飛機阻截揚子江的航運。前線的日軍指揮官確信撤退的國軍會登上掛着中立國旗幟的船隻，因此他們命令攻擊任何他們覺得合適的目標。當日，日本飛機炸沉了航行在揚子江上、甲板上掛着大幅美國旗的美國炮艦帕奈號（USS Panay）。當時，南京附近的揚子江上有兩艘皇家海軍的炮艦蜂號和瓢蟲號（HMS Ladybird），兩艦均試圖向上游水域進發，並拯救帕奈號的倖存者。可是，兩艦均遭到日本野戰重炮兵的射轟。日軍未有擊中英艦，英軍則未有還擊。這一事件揭示，面對着無所不在的威脅與缺乏更大力量的支持，在中國的皇家海軍部隊只能盡力避免衝突。

　　皇家海軍面臨的另一項挑戰，則於歐洲戰爭爆發以前數月發生。正如克拉克（Alexander Clarke）指出，皇家海軍煞費苦心地通過在亞洲各地展示中國區艦隊的主要艦隻，努力維持強大的形象。[26] 然而，當英國的利益受到實質挑戰時，這個捉迷藏的遊戲並不足以應付情況，皇家海軍需要決定是否採取行動以保護英國的利益，以及無形的威望。1939 年，日本與中國已開戰超過一年但不分勝負。日本認為英國通過貸款與貿易協助中國，使後者得以繼續抵抗。1939 年 1 月，英國的商船在青島被一隊以一艘日本重型巡洋艦和兩艘驅逐艦組成的艦隊控制。其時，正在向華北航行的新型巡洋艦伯明罕號（HMS Birmingham）和兩艘巡防艦趕到了現場。1 月 30 日上午，在伯明罕號等艦的護送下，英國輪船離開港口，英軍總算阻止了日本海軍登上商船的嘗試。在離開青島的航行途中，英日雙方的軍艦均以主炮瞄準對方。事件最終和平解決，主要是因為中國區艦隊的快速反應阻止了局勢升級為更大的衝突。直到 1941 年，雖然未能阻止英國在日佔地區失去商業和聲望，但中國區艦隊仍為僑民與英國商船提供保護。在這些任務中，皇家海軍的前線人員在緊急狀態下展現了至關重要的冷靜和自制。然而，當歐戰爆發，皇家海軍不得不把大部分兵力抽走，包括幾乎所有的巡洋艦均被調回到本土，以應對德國（後來加上義大利）的威脅。這導致了英國在中國地位迅速衰退。

七、結語

　　本文勾勒了中國區艦隊從建立到 1941 年太平洋戰爭爆發的歷史。它顯示中國區艦隊在中國水域在質和量上均享有一定優勢，直到二十世紀初它的地位被快速崛起的日本海軍所挑戰。然而，皇家海軍在亞洲水域的優勢並非依靠長期部署在現場的軍艦，而是皇家海軍增援亞洲的潛在能力。皇家海軍這一時期未有在亞洲水域部署大量主力艦，而是把香港建設為一等的海軍基地。英國亦以香港為基

26　Alexander Clarke, "The Royal Navy and the Far East in the 1930s: Promoting Stability and Preserving Peace on a Budget," Second World War Research, 2 November 2018, https://www.swwresearch.com/post/the-royal-navy-and-the-far-east-in-the-1930s-promoting-stability-and-preserving-the-peace-on-a-budg

地，在中國水域部署大量中小型軍艦以保護商業與聲望。中國區艦隊的任務與本土艦隊以及基地區艦隊不同，因為在中國水域服役的指揮官要擁有一定的當地知識，並理解該區國際形勢之複雜性。更重要的是，指揮官必須理解中國政治中，國家、區域與地方政治的分別，甚至各地文化、語言及風俗。由於通訊延誤、意見相左，以及其他原因，身在中國的皇家海軍指揮官們並非總是得到英國海軍部、外交部或者外交使節的清晰指令。這給他們造成了更多負擔，因為他們必須兼顧軍事要求與其他考慮。總的來說，中國區艦隊在首要任務上的表現尚算稱職，至少在歐洲的戰爭爆發以後的一段時間仍能維護英國威望與商業利益，但亦出現了諸如萬縣事件等不必要的流血衝突。

◀　圖 3：向英國海軍南京號（HMS
Nankin）開火的中國炮彈
© National Maritime Museum, London

品，成千上萬，其中有許多進入了博物館的收藏。這些物品或成為人們參與某場
戰役的明證，或被展覽在公共機構和私人住宅中，有時也會被不道德的商人造
假。尤其受到追捧的是在殖民戰爭中「具有異國情調」的遺物，包括當地族群的
物品和人類遺骸。研究者凱特・希爾（Kate Hill）指出，他們這些物品「以分離、
獨特的方式，將殖民的暴力帶回英國，而其中蘊含的令人不安的元素，卻被中和
化解」。[19]

藏品四：旅順港海圖（Chart of Port Arthur），
約 1885 年（G272:6/21）

　　本館收藏與中國相關的地圖和海圖數以百計，較早可上溯至十六世紀的
"prestige maps"，近代的則有十九世紀的電報圖，還有詳細展現海岸線的海圖。[20]

19　Kate Hill, "Souvenirs: Narrating Overseas Violence in the Late Nineteenth Century" in Kate Hill ed. *Britain
　　and the Narration of Travel in the Nineteenth Century: Texts, Images, Objects* (Farnham: Ashgate, 2016), p. 184.

20　例如，Fool's World Map, about 1590, G201:1/43; General map of telegraph lines between Europe, India,
　　Australia, & China, 1866, STK201:4/5; Chart of the China Sea and East India Archipelago, 1863, G256:1/2,
　　RMG。

館藏這張旅順港圖，顯示十九世紀下半葉中國海軍發展的演化，以及外國人在這一過程中扮演的角色。

鴉片戰爭將現代的海戰帶入了中國水域，也給清朝傳統的水師帶來了災難性的後果。在戰事告一段落後，英國也將其戰艦、設備和顧問帶到中國。早年的例子包括創建現代的、有歐洲人管理的中國海關（Imperial Maritime Customs），以及時運不濟的 Lay-Osborn Flotilla。十九世紀七八十年代，中國海軍急速發展，為英國的製造商提供了更多的出口渠道。[21] 當然，英國也將戰船供應到了其他正在擴充海軍力量的國家。[22]

旅順是位於遼東半島的窄小海灣，正趕上了這段時期海軍擴建的過程。第二次鴉片戰爭期間，由威廉・亞瑟（William Arthur）出任船長的一艘英國戰艦率先到達旅順，英國人自此稱之為亞瑟港（Port Arthur）。原來在旅順港停駐了數個世紀的中式帆船，很快便讓位於現代的海軍基地。1881 年，來自英、法、德、美的技術專家和其他顧問陸續到達旅順。[23] 館藏這幅海圖明顯是這次大型任務的結果，儘管其委託和製作細節仍付諸闕如。圖中中文字旁的英文注釋（提供了地理和水文的資訊，例如地名和測深），進一步展現了這幅海圖是許多國家的人員參與製作的成果。

正如這幅海圖所示，旅順港既有許多能發揮抵禦作用的天然優勢，也有一些作為海軍基地的主要局限。暈滃線或遮線標示傾斜度，展示了圍繞海港的高地，半圓的標記從各個角度顯現了火的弧線。在接下來的數十年中，旅順港見證了一場又一場的激烈戰爭。日本人兩次佔領它，先是在甲午戰爭（1894－1895）之際，再是俄國租借港口後，日俄戰爭（1904－1905）之時。日本帝國海軍忽視了旅順港，其地位退化成一個基地。正如海圖的中心所示，在海港入口，由懸崖形

21　Richard N.J. Wright, *The Chinese Steam Navy, 1862-1945* (London: Chatham Publishing, 2000).（編者按："Lay-Osborn Flotilla" 是指英國外交官李泰國（Horatio Nelson Lay）1862－1863 年間受恭親王委託向英國購買的用來對付太平天國的艦隊，由 Sherard Osborn 任司令，該艦隊在 1863 年到達中國，但由於 Osborn 拒絕聽從中國軍官的指揮，最後不歡而散。詳見 Jack. J. Gerson, *Horatio Nelson Lay and Sino-British Relations 1854-1864* [Harvard University Press, 1972]）。

22　Peter Brook, *Warships for Export: Armstrong Warships, 1867-1927* (Gravesend: World Ship Society, 1999).

23　Wright, *The Chinese Steam Navy*, pp. 26-27.

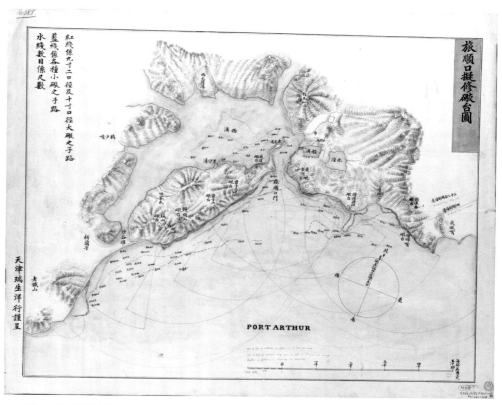

▲　圖 4：旅順港海圖　　© National Maritime Museum, London

成的瓶頸，限制了設施容納船隻的數量。第二次世界大戰後，蘇聯曾聲稱對旅順港擁有主權，但是其軍力在 1955 年撤出。正如研究者羅伯特・尼爾德（Robert Nield）說，即使到了今天，「每一個俯瞰城市的山丘，要麼在山頂有一座毀壞的堡壘，要麼有一個軍事紀念地，要麼二者皆有」。[24]

藏品五：授予喬治・史密斯（George Smith）的
香港抗疫勳章，1894 年（MED0362）

　　1894 年 5 月至 9 月間，香港遭受鼠疫之災，死亡人數超過 2,600。這段歷史，與百多年後包括 2003 年的 SARS 和 2020 年開始爆發的新冠肺炎，讓這個城

24　Nield, *China's Foreign Places*, p. 191.

市同樣飽受災害。其人口密集、處於全球貿易樞紐的地理位置和地位，使得香港在抗擊傳染病的戰役中成為重要的前哨站。時至今日，人們對當年這場鼠疫的記憶，是在細菌學上的主要突破：亞歷山大・耶爾森（Alexandre Yersin）對鼠疫桿菌的發現。[25]

英國官方奮力處理危機，正如邁倫・埃肯伯格（Myron J. Echenberg）所言，他們在 1894 年混亂的夏天裏，認識到了自身力量的局限。他們在實踐和文化層面都惹怒了香港居民，比如侵犯他們的隱私，毀壞數以百計的民居和違反了華人料理病人、埋葬死者的文化習俗。這些入侵性的措施引起了大量的抗議活動，包括罷工和暴動。[26]

皇家海軍在英國抗擊疫情和處理公眾騷亂的努力中扮演了重要角色。在 1894 年 5 月 20 日一場暴動後，香港總督威廉・羅便臣（Sir William Robinson）派遣炮艦陶域號（HMS *Tweed*）到水坑口（Possession Point），彈壓當地民眾。英國水手也擔任了許多特殊職務，例如划船運送病人。他們甚至幫助了耶爾森的工作——即使是違法的——就是收取賄賂讓他取得鼠疫喪生者的屍體。[27]

在危機結束後，殖民地政府決定將勳章授予在艱難環境下工作的人們，給他們頒發勳章。這獎勵抗疫的勳章，並非第一個，當然也不是最後一個，但據稱是最獨特出眾的。[28] 它由弗蘭克・鮑徹（Frank Bowcher）設計，由艾倫・維昂（Allan Wyon）雕刻，後者出身於雕刻世家，曾製作出諸多其他的帝國勳章。如同大多數勳章一樣，勳章授予的實際情況和政治考慮，好些有功勞的人士沒有獲頒。金銀勳章約共 800 枚，頒給軍人和市民，包括至少兩名女性護士和一名印度警察，

25　Kwok-yung Yuen and Nam-shan Zhong, "SARS: A Historical Perspective from Hong Kong," in Malik Peiris, Larry J. Anderson, Albert D.M.E. Osterhaus, Klaus Stohr and Kwong-yung Yuen eds., *Severe Acute Respiratory Syndrome* (Oxford: Blackwell Publishing, 2005), p. 10.

26　Myron J. Echenberg, *Plague Ports: The Global Urban Impact of Bubonic Plague, 1894-1901* (New York & London: New York University Press, 2007), chapter 1.

27　同上註, pp. 34, 41。

28　例如，Medal commemorating salvation from plague and pestilence in Barcelona, 1823, A677053, Science Museum Group, UK; Ebola Medal, 2015, NAM.2016-02-6-1, National Army Museum, London。

而眾多參與抗擊鼠疫的華人居民是否有人獲頒，則不得而知。[29] 今天，這枚香港抗疫動章，在英國多家博物館皆有入藏。[30] 本館收藏的銀色動章，是授予喬治‧史密斯（George Smith）的，他是一位似乎曾被派遣承擔抗擊鼠疫職務的皇家海軍水手。同其他動章一樣，它的邊沿刻有獲得者的名字，留下個人的刻記。[31]

　　由於便於攜帶、耐放和容易大批量生產，動章長久以來是當權者用作傳播某些事件的官方敘事的方式。這枚香港抗疫動章的正面圖案，刻畫了一個西方男子如何抗擊抵禦病魔（揮舞着長矛的飛天骷髏），還有一位護士將雙手放在華人病

圖 5：授予喬治‧史密斯的香港抗疫動章
© National Maritime Museum, London

29　Jerome J. Platt, Maurice E. Jones and Arleen Kay Platt, *The Whitewash Brigade: The Hong Kong Plague of 1894* (London: Dix Noonan Webb, 1998), pp. 118-121, 120.

30　例如，24.192/1, Amgueddfa Cymru/National Museums Wales, Cardiff; CM.1237-2009, The Fitzwilliam Museum, Cambridge; BUTLER:19, Shropshire Regimental Museum, Shrewsbury.

31　Platt *et al.*, *The Whitewash Brigade*, p. 166.

人的心臟上。地上則擺放着刷子和桶，代表衛生工具。徽章的背面寫着「由香港
社區授予／獎勵 1894 年鼠疫間提供的服務」。徽章表達的家長式信息毫不含糊：
西藥、勇氣和有組織的技術，拯救了香港的華人居民。

藏品六：紀念德國雞貂號炮艦（*Iltis*）的獎章，
二十世紀初（MEC2416）

　　十九、二十世紀之交，義和團運動在中國出現，針對的是外國人及他們在
中國的存在 —— 不論是鐵路、電報線、傳教士還是教徒。八國聯軍見證了奧匈
帝國、英國、法國、德國、義大利、日本、俄國和美國，暫時無分彼此地抗擊
義和團，以及庇護義和團的清朝當局。[32] 在歐洲，人們對隨即而來的義和團戰爭
（1900－1901）的有關消息也表現了強烈興趣：報紙報道、回憶錄、卡通、小說
甚至造假的電影片段，讓世界另一端的人們得以消費和評論這一事件。德國也不
例外。[33]

　　是次戰爭並不主要是海軍事務，例如，中國和外國的戰艦間沒有戰爭（儘管
八國聯軍確實逮捕了四艘建造中的魚雷艇），但的確，海軍人員深深地捲入到戰
爭之中（最為著名的是英國駐中國艦隊率領救濟縱隊的上將愛德華·西摩爵士
〔Edward Seymour〕）。然而，導致北京的失守，是另一場外國軍隊在 1900 年 6 月
17 日發動攻擊城市的「通海閘門」大沽口炮台的戰爭導致的。八國聯軍多國艦
隊離岸停駐，但只有十艘能用作穿過阻擋白河的沙壩。[34]

　　其中的一艘便是德國的雞貂號炮艦（*Iltis*），它被從西北砲台（Northwest

32　Lanxin Xiang, *The Origins of the Boxer War: A Multinational Study* (London: RoutledgeCurzon, 2003).

33　Ross G. Forman, *China and the Victorian Imagination: Empires Entwined* (Cambridge & New York: Cambridge University Press, 2013), chapter 3; Robert Bickers and R.G. Tiedemann eds., *The Boxers, China, and the World* (Plymouth: Rowman & Littlefield, 2007), pp. xiv-xv; Yixu Lü, "German Colonial Fiction on China: The Boxer Uprising of 1900", *German Life and Letters*, Vol. 59, No.1 (2005), pp. 78-100.

34　Peter Harrington, *Peking 1900: The Boxer Rebellion* (Oxford & New York: Osprey Publishing, 2005).

▲ 圖 6：紀念德國雞貂號炮艦的獎章　© National Maritime Museum, London

Fort）發來的炮火擊中，造成八人身亡。[35] 紀念這艘炮艦的勳章是由柏林的奧托公司（Oertel Company）鑄造的，正面顯示了炮艦的右側，背面以鳥瞰的方式展現了當時在 S 形河彎處發生的戰事。每艘參與的聯軍艦艇，其名字的首個字母皆以小字標註，它們分別是英國的名譽號（*Fame*, F）、牙鱈號（Whiting, WH）和阿爾及利亞號（*Algerine*, ALG），法國的獅號（*Lion*, L）、俄國的海狸號（*Bobr*, B）和科列茨號（Korietz, K）。各艦與德國的雞貂號並肩作戰，煙霧從被轟炸的砲台和海軍設施冉冉升起。這枚勳章直徑不足 35 毫米，要刻畫這樣細緻的圖案，實非易事。這些以大國沙文主義表現雞貂號的繪圖，常見於日後數十年的各種媒介，包括明信片、插圖和照片。[36] 雞貂號為德國海軍的意志和勇氣提供了另一幅強有力的象徵，讓人聯想到先前另一艘同名的輪船，在立在上海外灘的紀念碑上被奉為民族神話。[37]

---

35 同上注，p. 44。

36 例如，'Angriff auf das chinesische Fort Taku', 1900, 69/1999, Stadtmuseum Warleberger Hof, Kiel; Ernst zu Reventlow, *Deutschland zur See: Ein Buch von der deutschen Kriegsflotte* (Leipzig: Otto Spamer, 1914), p. 199; Victor Laverrenz, *Deutschland zur See. Bilder aus dem deutschen Kriegschiffleben* (Berlin: Meidinger's Jugendschriften Verlag, 1915), p. 79。

37 Robert Bickers, "Moving Stories: Memorialisation and its Legacies in Treaty Port China," in Max Jones, Berny Sèbe, Bertrand Taithe and Peter Yeandle eds., *Decolonising Imperial Heroes: Cultural Legacies of the British and French Empires* (Abingdon: Routledge, 2016), pp. 51-53.

在義和團戰爭中，德國有很好的理由吸引公眾的關注。它與英國相競爭、不斷增長的海軍勢力，為吹噓德國海軍的雄偉功績提供了激勵。[38] 同時，戰爭的其他方面使德國感到相當尷尬。它派往北京的軍隊，在聯軍圍城五十五天告一段落後才抵達。蘇珊妮・庫斯（Susanne Kuss）解釋說：「這很清楚，德國武裝對戰爭的結果並未做出決定性的貢獻。」德國為接下來的佔領行動提供了最多人員，該場戰鬥由德國陸軍元帥阿爾弗雷德・馮・瓦德西（Alfred von Waldersee）率領。然而，這並未像柏林希望的那樣，為它帶來名聲。瓦德西努力地在多國力量面前證明自身的權威，德國軍隊在他們許多的「懲罰性的遠征」中獲得了殘暴的名聲。同時，瓦德西一直都難以洗脫他與比他年輕四十歲的中國女子賽金花有私情的傳聞。[39]

藏品七：弗朗西斯・埃斯戴爾（Francis Esdaile）的漆盒，約 1900 年（REL0052）

時至 1900 年，外國商業社群在天津已有相當的發展。這個跨國的群體，當中包括一位未來的美國總統，在當年 6 月遭到了義和團和清朝軍隊的攻擊。經過了激烈的戰爭，八國聯軍最終攻下這座城市。在這場戰鬥中，一名年輕的海軍候補少尉弗朗西斯・埃斯戴爾不幸喪生。

埃斯戴爾出生於 1883 年，是著名詩人珀西・比希・雪萊的後代。[40] 他在巴弗勒爾號（HMS *Barfleur*）艦上服役。巴弗勒爾號屬「前無畏艦」，在是次任務中將一支登陸軍送往天津協助戰鬥。據目擊者報告，埃斯戴爾是在 7 月 6 日遭中國軍隊用來福槍擊至重傷，翌日因傷勢過重去世。他死時只有十七歲，可能是陣亡

38　Matthew S. Seligmann, Frank Nägler and Michael Epkenhans, *The Naval Route To The Abyss: The Anglo-German Naval Race 1895-1914* (Farnham: Ashgate, 2015).

39　Susanne Kuss, *German Colonial Wars and the Context of Military Violence*, translated by Andrew Smith (Cambridge, MA: Harvard University Press, 2017), chapter 1; Jan Kočvar, "Germany and the Boxer Uprising in China", *West Bohemian Historical Review* 5 (2015), pp. 121-167.

40　Esdaile Family memorial plaque (WM reference: 24932), St Thomas of Canterbury Church, Cothelstone, UK.

的聯軍將士中最年輕的一位（義和團軍隊當然也有未成年人）。[41]

　　本館藏有少量埃斯戴爾的私人物品，包括其望遠鏡、鞋子、手套和中國戰爭勳章。然而，最能讓世人了解他在中國的經歷的，是他那個裝滿物件和他精心記錄的航海日誌的一個漆盒。在他去世後，這些物件歸還他家，後來由他的姐姐捐贈給博物館。[42]

　　漆盒的蓋子裏上寫着紀念文字（「懷着對埃斯戴爾愛的記憶……去世但沒有被遺忘」）。盒子裏面有幾件物件，是在歐洲或旅途中購買的，包括考卷、取得專利的自行車夾和一隻硬幣吊墜等等。然而，大部分物品似乎是埃斯戴爾在遠東的時候得到的，包括一雙筷子、中國髮夾、耳環、稱銀兩的砝碼，以及一張1900 年 4 月 27 日在橫濱上演的業餘戲劇的門票。

　　海員以其流動性強，有機會去到較遙遠的地方，熱衷賺錢，熱愛收集旅遊紀念品，向來是物品的重要收藏者。下文將討論到一位後來駐紮中國的英國皇家海軍水手所收集的一批數量和品種更繁多的藏品。埃斯戴爾的物品可能十分平凡，不少屬大量生產，對個人而言也許無關緊要，但如果作為一個整體考慮，這些個人物品是英國皇家海軍駐中國艦隊一位年輕海軍候補少尉在當地日常生活的縮影。歷史學家畢可思留意到，在世界各地的家（和博物館），「你可以發現這些小小的收藏，是居住在中國的外國人的遺存」。[43] 跟許多因其專業背景來到中國的英國人，諸如水手、海關官員、商人、外交官、銀行家等等，埃斯戴爾英年早逝，在中國的生活也戛然而止。

41　G. Gipps, *The Fighting in North China* (London: Sampson Low, Marston & Co, 1901), pp. 54-55; Charles Cabry Dix, *The World's Navies in the Boxer Rebellion* (London, 1905), pp. 143-144; Henry Keown-Boyd, *The Fists of Righteous Harmony: A History of the Boxer Uprising in China in the Year 1900* (London: Leo Cooper, 1991), pp. 124-125. 編按：「前無畏艦」是十九世紀九十年代至 1905 年間歐美建造的戰艦的統稱，是當時各國海軍的主力，至二十世紀初被「無畏艦」取代。

42　Officer of the Watch telescope, about 1890, NAV1627; Midshipman's Boots, about 1900, UNI0612; Midshipman's gloves, about 1900, UNI0611; China War Medal, about 1900, MED0373; Logbook of HMS *Barfleur*, LOG/N/B/18, RMG.

43　Bickers, *The Scramble for China*, p. 4.

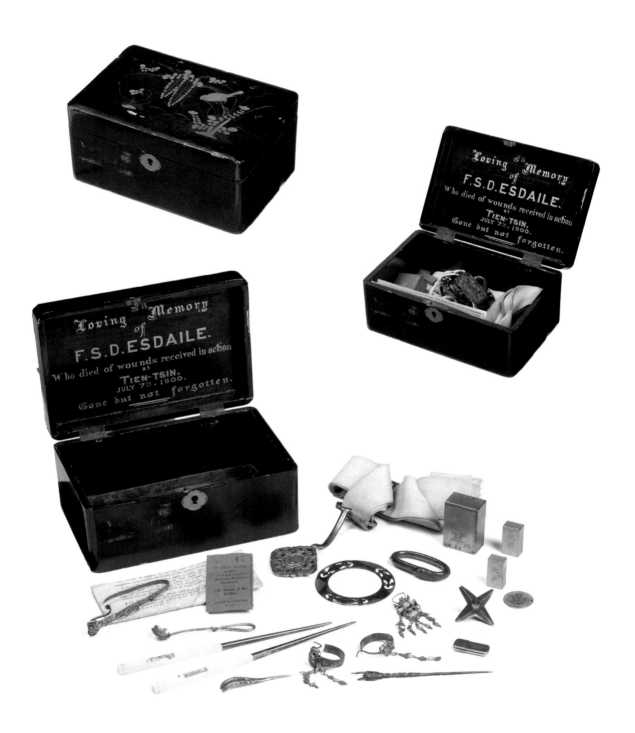

藏品八：切瑞勳章（The Cherry Medal），1904 年（MEC2092）

　　這件金屬製的藝術品是另一件與駐中國的英國皇家艦隊有關的物品。切瑞勳章的獲得者曾服役於在義和團戰爭時被送到中國的皇冠級別巡洋艦阿爾戈號（HMS *Argonaut*）。驟眼一看，這個勳章的設計與官方授予的戰爭勳章並無二致：錨代表皇家海軍，金羊毛代表艦名背後的希臘神話，中國龍指代軍艦向東派遣，邊緣印有 "ARGONAUT CHINA 1900-1904" 的字樣。正面展現一群海軍官員站在光禿禿的櫻桃樹枝幹下，底部還寫着 "SUB HOC CERESO MANEMUS"（或「存照於櫻桃樹下」）。[44]

　　這些崇高的象徵和詞彙與戰爭、陣亡的將領或軍隊的功績無關。阿爾戈號在戰爭主要階段快結束時才抵達中國海域，無法如德國雞貂號般吹噓戰績，隨後駐紮香港，並未受戰爭波及。登上阿爾戈號的士兵，也因而沒有資格獲得上文提到的埃斯戴爾擁有的中國戰爭勳章（China War Medal）。所謂切瑞勳章（ "Cherry Medal"），指的是艦長喬治‧切瑞（George Cherry）及其指揮風格。曾在他手下服役並獲得一枚切瑞勳章的布朗（W. J. A. Brown）後來解釋道：「切瑞長官是他那個時代的典型海軍『人物』。」據布朗說，艦長以嚴苛著稱，在中國服役期間，會因為下屬犯了小過錯便施加懲罰，由是臭名昭著。布朗也提到，切瑞所處的年代，軍艦由倚賴風力發動轉變為以蒸汽發動，他因而要加以適應，暗示這位長官的暴君名聲不無誇大，言過其實。[45]

　　這枚勳章是切瑞獎勵給他屬下的軍官，以紀念他們幾經辛苦，得以倖存。勳章上鑄刻了其中五名軍官與一排同伴並肩站立在樹下的形象。布朗聲稱這枚勳章是由其中一位軍官的姊妹設計，由倫敦加米吉斯百貨公司（Gamages）製造，並售賣給符合條件的軍官。這一怪誕的勳章顯然成為愛德華時代海軍的一類笑話，

44　E. G. Anning and F. J. Bentley eds., *The Log of H.M.S. Argonaut, 1900-1904, China Station* (London: The Westminster Press, 1904).

45　W. J. A. Brown, 'The Cherry Medal', *Mariner's Mirror* 36:2 (1950), pp. 122-128.

那時，徽章及其淵源「是軍隊流言蜚語和沒有惡意的打趣話題」。[46] 這個例子屬於阿爾傑農・坎迪（Algernon Candy），他曾在切瑞手下航行，後來參與了兩次世界大戰。[47]

　　諸如此類的物品使船員群體關係密切，同許多分享的經歷和實踐一樣，有助形成一個獨特的海軍身份。阿爾戈號的切瑞勳章和接下來要討論的薩福克號（HMS *Suffolk*）刻畫遠東的諷刺海圖，都是這些出現在中國海域和世界其他地方的社群的獨特產品。正如辛迪・麥克里（Cindy McCreery）在跨國海軍人員的照片裏揭示的，這些物品通常比那些幾經分散又重組的海軍「家庭」，存在得更為久遠。[48]

▲　圖 8：切瑞勳章　© National Maritime Museum, London

46　同上注 , p. 122。

47　Officer Service Record: Algernon Henry Chester Candy, ADM 196/141/503, TNA.

48　Cindy McCreery, "Navy, nation and empire: nineteenth-century photographs of the British naval community overseas," in Quintin Colville and James Davey eds., *A New Naval History* (Manchester: Manchester University Press, 2019), pp. 89-112.

藏品九：喬治‧佩奇（George Page）給母親的家書， 1914 年（ADL/Z/60/10）

十九世紀後半葉，揚子江上的外國炮艦成為了熟悉的景象。這些炮艦由不同國家僱用，以保障它們沿江的利益，實際上也是外力入侵的標誌。皇家海軍駐海港的炮艦，連同駐中國的英國領事，以及屬於法國、德國、義大利、日本和美國的相似炮艦，共用河道。[49] 本館的凱德（Caird）圖書館和檔案館藏有外科醫生海軍中校喬治‧佩奇寫給母親的家書，不僅反映了河上炮艦的工作情況，而且透露了第一次世界大戰爆發後頭幾個月中國複雜的外交情況。

中國在 1914 年 8 月 6 日宣佈中立，但國內外國勢力的規模產生了複雜的後果。佩奇形容與路過的德國炮艦相遇時的緊張氣氛，「幾乎打起來了，但是所有國家決定尊重中國的中立」。[50] 戰爭耗盡了長江上大多數的外國炮艦，因為每個國家都轉移、鑿沉它們的艦，或讓其退役。那些還殘留在水上的炮艦，則被官方扣留。[51] 佩奇對此埋怨謂：「我們所有的炮艦都擱置不用，船員回到了艦隊上。事實上，我們走了一條注定孤獨的道路。」[52] 他也聲稱，正由於此，當地人對他的醫療服務的需求更為殷切。他寫道：「人們趕緊在炮艦醫師離開以前，來做盲腸炎手術！！」[53]

在中國的外國社群，本來具備一定的世界主義精神，第一次世界大戰是對此種氛圍的致命一擊，爭端足以「遠距離煽動起仇恨」。[54] 佩奇對德國駐中國人員的敵意，可想而知。他責罵一名德國駐中國領事傳播我們今天所言的「假新

49　Gregory Haines, *Gunboats on the Great River* (London: Macdonald and Jane's, 1976); Angus Konstam, *Yangtze River Gunboats, 1900-49* (Oxford: Osprey Publishing, 2011).

50　George Page to Caroline Page, 3 September 1914, ADL/Z/60/10, RMG.

51　Konstam, *Yangtze River Gunboats*, pp. 15-16.

52　George Page to Caroline Page, 28 August 1914, ADL/Z/60/10, RMG.

53　George Page to Caroline Page, 20 October 1914, 同上。

54　Tobit Vandamme, "The Rise of Nationalism in a Cosmopolitan Port City: The Foreign Communities of Shanghai during the First World War", *Journal of World History*, Vol. 29, No.1 (2018), p. 64.

聞」，說他「在中國報紙上寫滿胡言」並「報道攻佔巴黎指日可待」。[55] 然而，德國並不是招致佩奇憤怒的唯一國家，美國也是（「美國絕望地畏戰，不是一個驍勇善戰的國家——終有一日會被日本人幹掉」），又謂其中一個美國領事在中國人的「股掌之中」。[56]

中國對這場戰爭的反應和角色經常被人們忽略，許多戰爭史僅僅簡單地提到它，或乾脆視而不見。當然，中國仍在適應清帝國的衰亡，脆弱的共和國仍飽受政治動盪。中國於 1917 年向德國宣戰，但其對戰爭的最大貢獻並非軍人，而是勞工。[57]

佩奇的家書也評論了公眾就戰爭表達的輿論。他寫道：「中國人很關心這次戰爭，果斷地反對德國——不論是集體還是個人，都討厭德國。」[58] 他是對的，全中國來自不同階層的人，都在討論正在開展的戰爭，但是局勢卻比這位外科醫生海軍中將所認識的更為複雜。中國將戰爭既視為威脅，也是機會：戰爭有助其將自身融入國際體系，重新收復租借出去的土地，並能削弱國內的外國勢力。有許多中國的作家、政治家和軍官認為，共和國〔譯按：此處指中國〕應與凱撒〔譯按：Kaiser，即德國君主〕站在同一陣線。正如徐國琦所言，「很少人能夠預計到，誰將贏得戰爭，德國的軍事力量及其勝利教不少中國人印象深刻」。[59]

55　George Page to Caroline Page, 28 August 1914.

56　George Page to Caroline Page, 3 September 1914.

57　Xu Guoqi, *China and the Great War: China's Pursuit of a New National Identity and Internationalization* (Cambridge & New York: Cambridge University Press, 2005).

58　George Page to Caroline Page, 28 August 1914.

59　Xu, *China and the Great War*, p. 86.

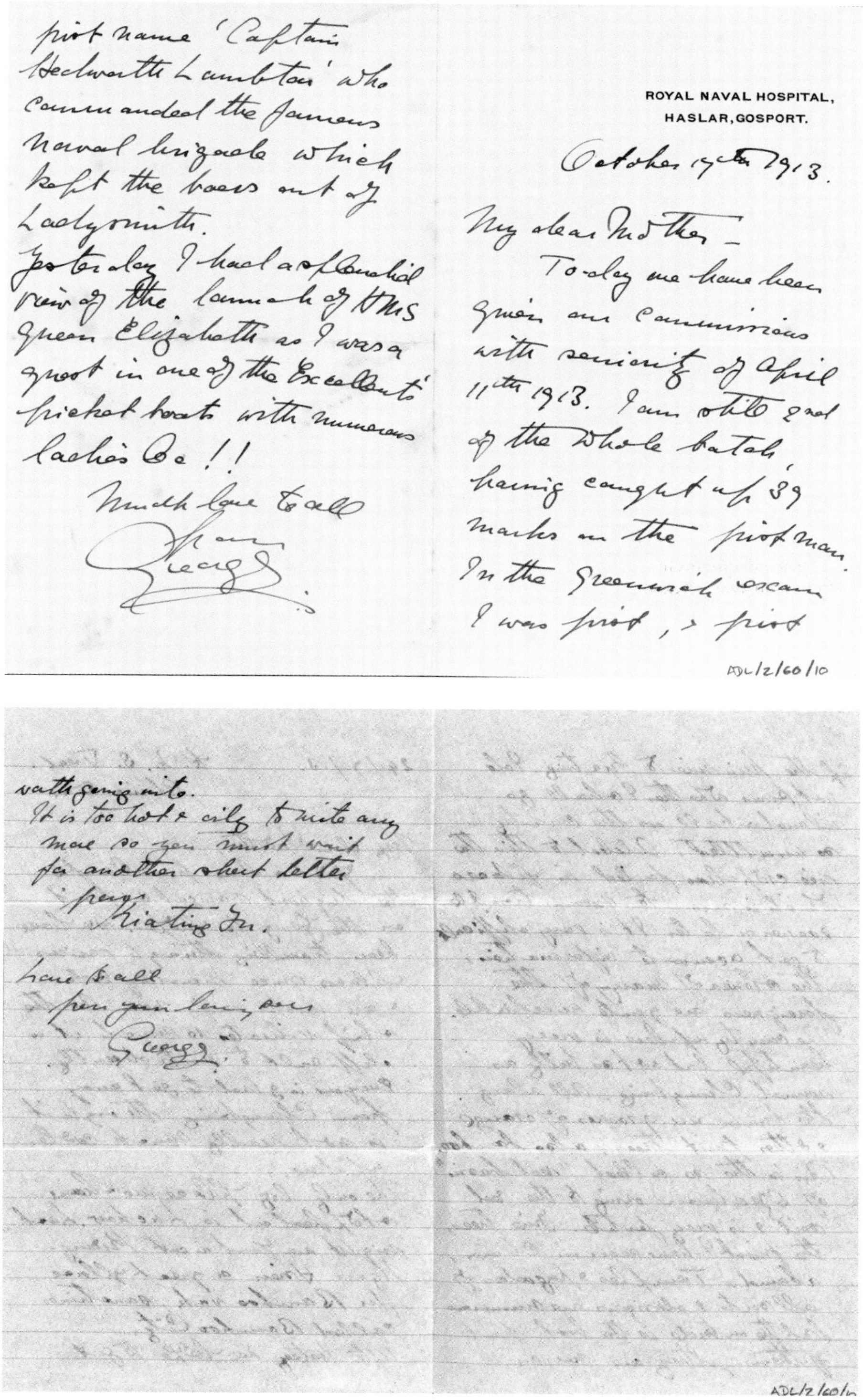

圖 9：喬治·佩奇給母親的家書　© National Maritime Museum, London

藏品十：狼蛛號船模（HMS *Tarantula*），1915 年（SLR1431）

本館的船模藏品在世界公共收藏中數量屬首屈一指，從古埃及艇到二十一世紀在海上運行的船隻，琳瑯滿目。[60] 這批藏品有不少是曾經在中國水域航行的帆船、舢板、運茶帆船和其他船艦的模型，當中還包括佩奇所處年代的炮艦。[61]

十九世紀末，英國開始生產專門為中國建造的炮艦。早期的品種一般是拆件運到中國再重新組裝，上文提到的蒂爾號（HMS *Teal*）即屬一例。第一次世界大戰時期，「中國炮艦」是用來掩飾那些用於多瑙河上擊敗奧匈帝國軍事力量的艦的代名詞。諷刺的是，這種當初故意用詞不當的說法，最終竟成為事實，因為這批炮艦大多數在兩次大戰期間真的在中國水域服務。當中包括此處介紹的「昆蟲類炮艦」（insect-class gunboats），它們是整艘拖運到中國，而並非拆件重新組裝的。[62]

揚子江上運行的炮艦需具備一系列特徵方能有效運轉。這些特徵在這隻船模上一覽無遺。其吃水量只有數英呎之淺，因而能夠應對波動的河水高度。安置在船尾的船舵和裝有螺旋槳的管道，有助軍艦避免受阻於水草、岩石和其他水下障礙物。炮艦也須具備一定的武裝力量，使之看起來壯觀堂皇，有能力抵抗來自海岸或其他軍艦的襲擊，儘管經常得不到足夠的支援。這個模型也展現了狼蛛號的炮，裝在了巨型船身的前部和尾部。這個船模還展示軍艦在夜間工作所需的探照燈，還有可裝上遮雨篷的立柱欄杆，後者在熱帶地區的瓢潑大雨和烈日之下尤其重要。[63]

這個 1：48 比例的模型是專門為軍艦的建造者紐卡斯特的伍德·斯金納公司

---

60   Model of an Ancient Egyptian funerary boat, about 1850 BC, AAE0030; Model of *Methane Heather Sally*, 2007, ZBA4653, RMG.

61   例如，Model of a fishing sampan, before 1865, AAE0141; Model of a pole junk, about 1938, AAE0200; Model of *Sir Lancelot* tea clipper, about 1960, SLR0973, RMG。

62   David Hobbs, *Warships of the Great War Era: A History in Ship Models* (Barnsley: Seaforth Publishing, 2014), pp. 120-123. 譯者按：「昆蟲類炮艦」（The Insect-class gunboats）是指英國皇家海軍建造的行走於淺河或近岸的小型船隻。

63   Konstam, *Yangtze River Gunboats*, pp. 24-26.

▲ 圖 10：狼蛛號船模　© National Maritime Museum, London

（Wood, Skinner & Co. of Newcastle）製作的。諸如此類的模型常在公司辦公室或商品展銷會上展示。船模是十分有用的廣告方式，但有模型專家認為，這個模型的外觀「引人注目多於逼真」。這個狼蛛號船模的船身以深灰、黑色和金色為主，顏色更接近其名字即狼蛛，而現實的炮艦在服役的時候，大多是髹上白色的。船模的配件以黃銅色和鍍金為主，為的也是用來展示模型精細的細節。[64] 跟所有船模一樣，重要的是記住這個船模為何被製造，又如何影響了製作者對軍艦原物的理解。

藏品十一：威海衛船民的照片，二十世紀三十年代（P34481）

英國在 1898 年租借威海衛，部分是出於對同年俄國佔領旅順港的反應。英國開發了這片地方，但是它從來沒有像很多人預期那樣，成為主要的海軍基地或繁榮的商業中心。某外交官把威海衛稱為「帝國的灰姑娘」，因為英國不知道什麼時候要將之歸還給中國，其前景充滿不確定性。評論者不時質疑租借這片地方的價值，有人甚至用訕笑的語調問：「何苦呢？何苦呢？」（"Why-oh-Why"）英國最終在 1930 年歸還威海衛。[65] 其後，皇家海軍人員仍會造訪這塊地方，其中有一個人後來在英國國家海事博物館（NMM）工作，他的名字是戴維・沃特斯（David Waters）。

戴維・沃特斯在二十世紀三十年代服役於英國皇家海軍駐中國艦隊的貝里克號（HMS *Berwick*）與鷹號（HMS *Eagle*）。他為中國的船隻着迷，利用工餘時間

64　Hobbs, *Warships of the Great War Era*, p. 122.

65　T.G. Otte, "'Wee-ah-wee'?: Britain at Weihaiwei, 1898-1930", in Greg Kennedy ed., *British Naval Strategy East of Suez, 1900-2000: Influences and Actions* (Abingdon & New York: Frank Cass, 2005), pp. 4-34; Nield, *China's Foreign Places*, pp. 259-271.

給船隻拍照、以之航海，以及收集船模。[66] 1950 年從海軍退役後戴維・沃特斯成為英國海軍部的歷史學者，而後加入國家海事博物館，成為航海部的負責人，後來擔任副館長。他的藏品量非常龐大，當中不少捐獻給了博物館，成為目前研究中國的海事歷史和逐漸消失的船類不可多得的資源。[67]

沃特斯在 1930 年底造訪威海衛的一次旅行中，拍攝了這張相片。圖中可見一位船夫，是戴維・沃特斯在海上碰到的眾多中國男女人的其中一位，人物並無具名，照片則命名為「微笑者」（Smiler）。皇家海軍的船員－攝影師和他們豐富的攝影作品，是一個充滿興味但仍有待探討的課題。[68] 正如這張船夫的相片所示，他們的作品是研究十九和二十世紀亞洲船員豐富的資源（要知道，這些人之中許多人是沒有留下照片、書信或自己的日記的）。

◁ 圖 11：威海衛船民的照片 © National Maritime Museum, London

---

66 Pieter van der Merwe, Seán McGrail and Michael Trimming, "Appreciation: Lt Cdr David Watkin Waters RN, FSA, FRHistS, FRIN", *Mariner's Mirror* 97:3 (2011), pp. 116-119; "Obituary: Lieutenant-Commander David Waters", *The Telegraph*, 30 January 2013.

67 Zefeng You and Jiang Bo, *Sampan Girl Smiles* (London: Royal Museums Greenwich, 2017).

68 McCrery, "Navy, nation and empire".

藏品十二：「遠東海圖」（"A Charte of ye Far Eastern Landes"），1932 年（G272:1/7）

　　這幅描繪中國、朝鮮半島和日本的海圖，與上文討論的繪製精準的旅順港海圖大異其趣。它是由薩福克號（HMS *Suffolk*）上的英國海軍少尉繪製的，這艘重型巡洋艦曾在二十世紀三十年代服役於英國皇家海軍駐中國艦隊。海軍少尉是皇家海軍級別最低的軍官，儘管終日忙於訓練和考試，卻有足夠的休閒時間去參加社交活動和沉迷於各種嗜好。明顯地，薩福克號這些人之所以繪製這幅海圖，既是要有事可為，也是要展現他們毋庸置疑的藝術技能，並紀念他們在中國海域度過的時光，同時對這個區域有所掌握。

　　這幅海圖秉承了幾種不同的製圖傳統。自十九世紀以來，以漫畫表現各國特色的「亦莊亦諧」的地圖（seriocomic maps）變得十分流行。[69] 二十世紀三十年代則是圖畫地圖（pictorial maps）的黃金時期，製圖者採用怪誕的插圖來表現和諷刺世界。[70] 二十世紀初期的皇家海軍少尉，通常來自中產階級背景，接受過中學教育。這也是為什麼這張海圖上出現了許多看來認真嚴肅的與探險和地圖繪製有關的笑話，包括沒有意義的量度（「遠」、「更遠」、「太遠」），以及聲稱該圖由著名繪圖人員約翰·斯皮德（John Speed）繪製，事實上，他在三年多以前已去世。

　　從今天的標準看來，這張海圖可能顯得十分奇怪甚或難以令人接受，但我們不妨理解一下這張圖在過去為什麼會引人發笑，亦不失為有益的練習。這幅圖文並茂的海圖，展現了駐中國的英國皇家海軍水手在說什麼、他們如何看待這個區域，以及他們能接受什麼樣的幽默。圖上畫滿各種笑話，有些比較容易理解，有些則不然。例如，圖上所繪畫的位於安徽安慶的振風塔，塔下鈎住一隻錨，寓意「安慶」（譯按：錨的英語是"anchor"，與當時安慶的拉丁拼音"An-king"的讀音近似）。與此同時，圖左下方繪畫的正在沉沒的海德薇號（*Hedwig*），是指一

69　Ashley Baynton-Williams, *The Curious Map Book* (London: The British Library, 2015).

70　Stephen J. Hornsby, *Picturing America: The Golden Age of Pictorial Maps* (Chicago: The University of Chicago Press, 2017).

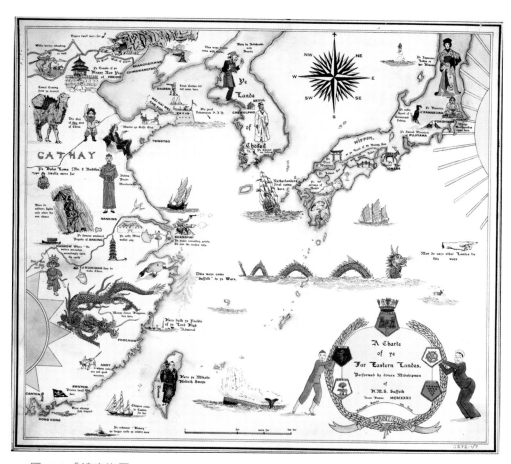

▲ 圖 12：「遠東海圖」　© National Maritime Museum, London

艘在 1930 年在東沙群島沉沒時，得到薩福克號幫助的軍艦。[71] 上方伴有一句出自家喻戶曉的詩歌「金星號遇難」（"The Wreck of the Hesperus"）的句子，這可能是一艘艦的船員向其他船艦開的最不厚道的玩笑了（譯按：圖中 "no longer sails on the wintry sea" 這句話，出自 "The Wreck of the Hesperus" 的首句："It was the schooner Hesperus/ That sailed the wintry sea"，見 Henry Wadsworth Longfellow, *The Wreck of the Hesperus*, New York: E. P. Dutton & Company, 1889）。尤其讓人不安的

71　"Casualty Reports"，*The Times*, 4 December 1930, p. 27; "Brave rescue of ship's company"，*The Canberra Times*, 5 December 1930, p. 1.

戲謔是圖中朝鮮半島西南角出現的一個人。作者似乎將 "Choson"（過去對朝鮮的稱呼）和 "chosen people"（「被選中的人們」，過去對猶太人的稱呼）雙提並論，而這幾乎可以肯是一個反猶太人的笑話。

這幅地圖還刻畫了好些兩次大戰間動盪局面。標為「中國此處的神」的好戰的人物，大概指的是當時中國互相傾軋的軍閥。方舟和出自《創世紀》中的語句（「洪水在地上氾濫」），是指 1931 年一場嚴重損害中國的洪水。[72] 至於外國對中國的影響，在圖中由南至北分別以高爾夫球手、一位穿着入時抽着煙的西方女子，還有一艘從威海衛伸出的英國戰艦等象徵。共產主義則由西方政治漫畫常見的畫法表現：「一個長相瘋狂的革命者，通常頭髮鬍子蓬鬆。」[73] 日本則表現得權勢高漲，其海外領土即朝鮮和台灣（標有 "ye Mikado Holdeth Swaye"）塗以綠邊，標記左下方的青天白日與右上方的日本帝國的太陽隔海相望。有意無意地，這幅海圖展現了世界中動盪不安的區域，擴張過度的英國皇家海軍註定在即將來臨的世界大戰中不能自保。

藏品十三：日本在香港投降時的太刀，1945 年
（WPN1185）

最後一件要討論的藏品是一把太刀，日本劍的一種。這把太刀曾經屬於日本帝國海軍中將藤田類太郎（Ruitaro Fujita），它象徵着曾在香港上演的帝國競逐的野心。早在英國於 1922 年終結與日本充滿爭議的聯盟之前，許多評論者就預言日本在東亞和東南亞的帝國計劃將威脅英國的利益。香港的戰略價值和象徵意義，使其成為一個明顯的目標，但其地理位置也使之難以保衛。日本加入第二次世界大戰後，便顯示出侵略香港的決心，就在臭名昭著的偷襲珍珠港之後，便付

72　Chris Courtney, *The Nature of Disaster in China: The 1931 Yangzi River Flood* (Cambridge: Cambridge University Press, 2018).

73　Roy Douglas, *Between the Wars, 1919-1939: The Cartoonists' Vision* (London: Routledge, 1992), p. 36.

▲　圖 13：日本在香港投降時的太刀　　© National Maritime Museum, London

諸行動。經過激烈的戰鬥，香港最終在 1941 年 12 月 25 日投降。[74]

　　四年多後，日軍被迫撤退時，留下了許多物品，從木刻通告（carved messages）到軍事設備，林林種種。[75] 當日本正式交還香港時，英國海軍少將夏慤（Cecil Harcourt）從藤田手中接過了這把劍，又從陸軍少將岡田梅吉（Umekichi Okada）接過了另一把。夏慤去世後，這把劍由他的妻子夏慤夫人（Lady Stella Harcourt）贈與博物館。二戰中數以千計的日本劍，都是通過類似的途徑進入西方博物館和私人收藏的。[76]

　　英國最終在戰爭結束後保住了香港。正如鄺智文和蔡耀倫寫道，英國「在國民政府強烈反對下」回到這個地方，「很大程度上是由於自 1930 年以來，他們首

74　Andrew Field, *Royal Navy Strategy in the Far East, 1919-1939: Planning for War against Japan* (London: Frank Cass, 2004); Kwong Chi Man and Tsoi Yiu Lun, *Eastern Fortress: A Military History of Hong Kong, 1840-1970* (Hong Kong: Hong Kong University Press, 2014), chapters 5-8.

75　Ko Tim Keung and Jason Wordie, *Ruins of War: A Guide to Hong Kong's Battlefields and Wartime Sites* (Hong Kong: Joint Publishing, 1996); Japanese flying suit found in Hong Kong in 1945, UNI3655, RMG.

76　例如，Japanese officer's sword, WEA 4074, Imperial War Museum; Japanese sword, W1768.1, Auckland Museum; Japanese Wakizashi Sword Blade, RELAWM31957.002, Australian War Memorial。

次具備足夠的能力，在東亞部署一支規模頗大的海軍」。[77] 然而，由於英國皇家海軍在新加坡建立了「遠東艦隊」（Far East Station），共產黨在中國大陸取得勝利，徹底改變了區域政治，最初「如往常一樣一切重回正軌」的跡象，很快便證明是站不住腳的。[78] 戰後去殖民地化的浪潮，加上冷戰的來臨，戲劇性地改變了英國的國際地位，與之同時改變的，還有英國皇家海軍在中國的角色。這把劍作為日本侵略亞洲的帝國主義野心受挫的見證，在大英帝國日落之時，終歸被送到了英國國家海事博物館。

---

77 Kwong and Tsoi, *Eastern Fortress*, p. 237.

78 Grove, "The Century of the China Station", p. 14.

英國國家海事博物館圖書館藏與
中國有關之文獻與手稿

斯圖亞特·布萊（Stuart Bligh）
英國國家海事博物館
（陳瑩翻譯，程美寶校訂）

英國國家海事博物館的凱恩斯圖書館和檔案館收藏了不少十九及二十世紀在中國駐守或遊歷的海軍軍官、商人、海員和外交官員的文件、日記、航海日誌和遊記，本文選取了幾種作簡單介紹。文獻涉及的人物包括十九世紀五十年代作為中尉（lieutenant）駐紮在中國的阿爾伯特・哈斯廷・馬卡姆爵士（Albert Hastings Markham）、本館前助理館長戴維・沃特斯中將（David Waters）、在 1929 年至 1943 年間擔任中國海關總長的梅樂和（Frederick Maze）爵士，以及曾在長江上擔任過領航員的托馬斯・滕博爾・勞倫森（Thomas Turnbull Laurenson）。這些文獻各有特色，從不同角度反映了近代中國海事和船舶的歷史。

一、阿爾伯特・哈斯廷・馬卡姆爵士（Albert Hastings Markham）航海日誌（log）

阿爾伯特・哈斯廷・馬卡姆爵士（1841－1918）生於 1841 年，在 1858 年第二次鴉片戰爭期間登上英國皇家戰艦卡蜜拉號（HMS *Camilla*）來到中國，時年十七歲。我們藏有他在中國時期的航海日誌，其中這本是卡蜜拉號的（圖 1）。由於這是一本海軍少尉的日誌，因此不僅包括氣象學資料和航海資料，還有個人筆記和官方記錄，頗具研究價值。

圖 2 是我唯一找到的卡蜜拉號的照片，攝於查塔姆造船廠（Chatham Dockyard），但此圖並非本館藏品。每個海軍少尉都必須接受航海訓練、學會繪製地圖和各種草圖、記錄檔案等等。這本航海日誌附有的其中一張地圖，與其他廣州的地圖十分相似。圖 3 顯示了日誌的其中一頁，記載了廣州的商館（factories），而在頁面的頂端，一邊是官方記錄，另一邊則是記錄他個人想法的私人筆記。

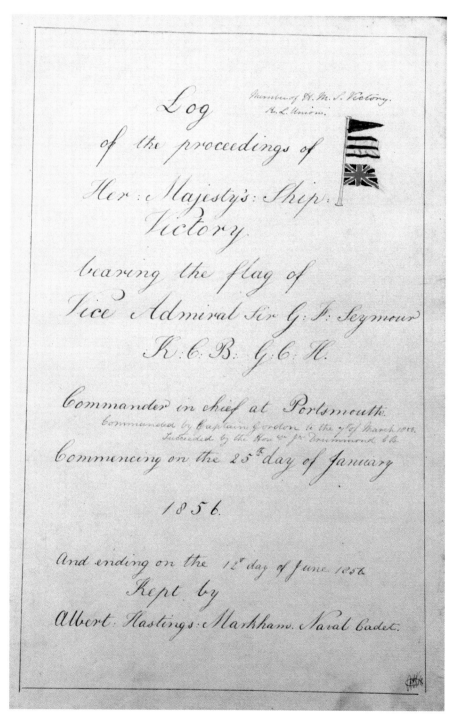

圖 1：阿爾伯特‧哈斯廷‧馬卡姆爵士在卡蜜拉號的航海日誌。
© National Maritime Museum, London

◣ 圖 2：卡密拉號

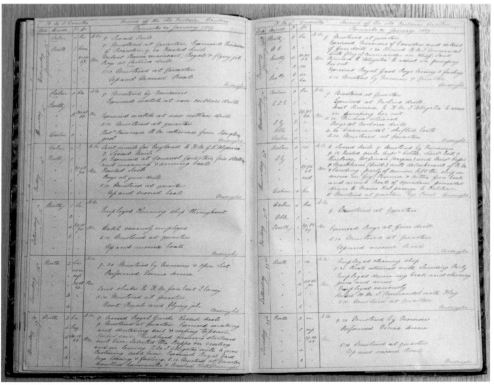

◣ 圖 3：阿爾伯特・哈斯廷・馬卡姆爵士的筆記　　© National Maritime Museum, London

　　日誌中還提到所謂的「塔島」（pagoda island）。當時，似乎每個年輕的海軍官員都會找到一座「塔島」，即建有一座塔的島嶼。[1] 日誌裏還有一些關於 1858 年打擊海盜的敘述、一些海上的船和帆船的素描，以及他們沿途看到的地方。

　　英國皇家海軍當時明顯對廣州非常感興趣，所以留下大量的素描。必須說明的是，英國國家海事博物館是藏有海軍上尉日誌（lieutenants logs）指定的官方藏地，而位於倫敦凱園（Kew）的英國國家檔案館（National Archives）則儲存上校的日誌（captain logs）。本館所藏海軍上尉航海日誌，年份在 1693 年至 1809 年間，數量十分可觀，要全面瀏覽，費時不菲，但當中肯定能辨識出不少曾去過中國的軍官。這些資料有時是較為官方的記錄，因此也相當枯燥，沒什麼細節可言，但有時也非常個人化。例如阿爾伯特·哈斯廷·馬卡姆便在其航海日誌中提到給家人買茶葉帶回英國的事。

二、戴維·沃特斯（David Waters）的照片、手稿和其他物品

　　戴維·沃特斯（1911－2012）生於 1911 年，1930 年至 1932 年間在伯威克號（HMS *Berwick*）服役。他對中國的海船、帆船、舢板尤感興趣，拍攝了數百張照片，並收藏大量與技術有關的記錄，也撰寫和發表了不少作品。他的生平也頗為曲折。二次大戰期間，他在艦隊航空隊（Fleet Air Arm）服役，在戰場上被義大利人抓獲，幾度試圖逃脫都未能成功。其後，戴維·沃特斯在海軍的歷史部門工作過，在不同領域研究海軍的歷史，做了大量工作；到了六十年代，他便來到本館工作，1971 年至 1978 年間擔任本館副館長。由於他之前的這些經歷，他在事業發展的後期來到博物館工作，可說是自然不過。

　　約在 2017 年，我們為《舢板女孩的微笑》（英文書名 *Sampan Girl Smiles*，尤澤峰、姜波編著，上海古籍出版社 2018 年出版）一書選取了一些戴維·沃特斯

1　編者按：此處應該是指位於今天廣州海珠區的琶洲塔和赤崗塔。十八至十九世紀時，來自歐美的洋船從虎門進入珠江水道，遠遠看見高聳的琶洲塔和赤崗塔，船員便知道離省城不遠了。

拍攝的照片，當中選取的只是藏品中很小的一部分。其實，本館所藏的沃特斯拍攝的照片，可說是不計其數，而且不少還沒編入目錄，而大量照片的拍攝地仍有待查考。

　　除了照片外，沃特斯還手繪了許多技術性的插圖，跟專業的製圖員不相伯仲。他對這些帆船實際上如何航行、如何駕駛，以及怎樣裝備，都非常感興趣。例如，一些圖片展示了中國北方、中部和南部的船舵的區別。

　　部分這些繪圖是他為給期刊 *Mariners Mirror*（《航行者鏡鑒》）投稿而繪製的。*Mariners Mirror* 是航海研究學會（Society for Nautical Research）出版的刊物，至今尚存，目前仍不時在博物館開會。

　　他也以不少這些技術繪圖為基礎，製作中國的帆船及其他各種船隻的模型，其中至少一隻擺放在本館的「貿易者展廳」（Traders gallery）裏，這類船模是本館的重要藏品之一。他也發表過一些文獻材料，也有一些謄本，還有一些可算是與中國有關的情報，或多或少反映了當時英國人的視角。例如，圖 4 展示的是一張中國漁船的照片。不過，為什麼他會有這些照片和文件，它們當初是如何入藏的，則暫未可考。圖 5 是一些估計是有關漁船的筆記。此外，還有各式中國船隻的尺寸的資料，不一而足。

▲ 圖 4：戴維・沃特斯藏品　　© National Maritime Museum, London

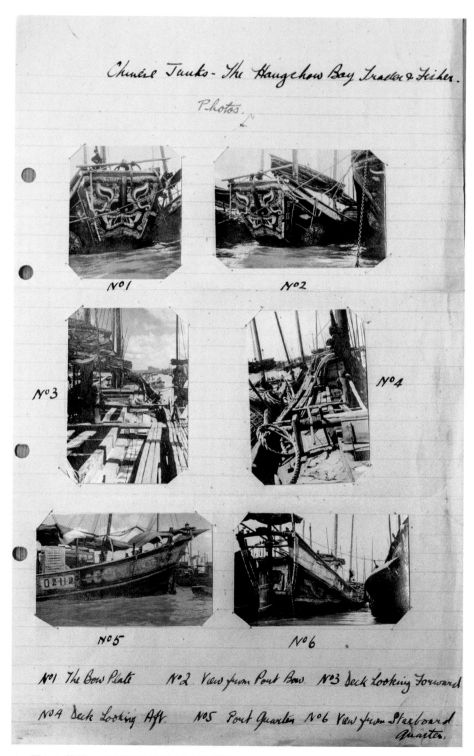

圖 5：戴維・沃特斯收藏的照片和筆記　© National Maritime Museum, London

　　沃特斯是一位海軍軍官，做這些事情只是出於他對中國海船的興趣，而非他的本職，但他能將嗜好融入工作，樂在其中。

三、梅樂和爵士（Sir Frederick Maze）手稿

　　比起馬卡姆和戴維斯，梅樂和爵士（1871－1959）的相關研究較多，也較廣為人知。他在中國待了很長時間，足跡遍及香港、廣州和上海，1929 年至 1943 年間出任中國海關總稅務司。在英國，梅樂和是一位頗具爭議性的人物，因為他被視為同中國當局結盟，替他們着想，對他們的需要尤其敏感。這與英國某些部門的大臣的想法大相徑庭，彼此頗有嫌隙。目前，新加坡國立大學學生多娜·布魯內羅（Donna Brunero）獲獎學金到本館訪問，利用梅樂和檔案撰寫文章。本館所藏梅樂和文獻數量頗豐，但更大的部分保存在位於南京的中國第二歷史檔案館所藏之中國海關檔案。據我所知，約在 2003 年至 2007 年間，英國布里斯托大學（Bristol University）主持的一個研究項目，將二檔所藏之中國海關檔案約 55,000 件整理編目，上海大學的研究人員也參與其中。

　　在梅和樂主持的中國海關中，中英人員密切合作，除了執行海關任務外，也收集各種資料和情報。例如，他們會出去做氣象學調查，觀察河流和陸地，探究中國海船和海事歷史。圖 6 是兩張梅樂和的照片，從他的衣着所見，他試圖融入當地的文化，儘管看來有點古怪，但也反映了他非常熱衷於在中國工作，在當地待了一段很長的日子。

　　梅樂和檔案包含了多種官方文件。圖 7 展示的這份，與遠東的政治發展相關，還包括他在某國際信託人委員會（P. I. G. International Trustee Committee）發言的稿件。他當時也在寫一部關於中國海關工作的歷史，曾發表過一兩篇文章。

　　梅樂和與沃特斯在中國的時段相若，但我們不知道他們是否曾經相遇，只知道他們有着共同的興趣。梅樂和對中國船舶有關的技術和船模非常感興趣，將其船模藏品捐獻給了位於倫敦的科學博物館，該館利用這批藏品辦了一場大型展覽。

　　本館所藏的梅樂和檔案和物品，部分編目齊全，部分則付諸厥如。有些所謂編目，只是簡單寫成是「以中文撰寫的文件」（document written in Chinese）；也

入　圖6：梅樂和的照片　© National Maritime Museum, London

Name — London — Shanghai　P.
I.G. International Trustee.

Pre - Treaty Days.　Geographical
Position.　Isolation.　Few Contacts.
Caravans Syria.　Marco Polo Stirred
Missions Merchants.　　But until
Vasco da Gama opened sea route
1497 Mountain Ranges Barriers.
China renowned Rulers tenacity
Merchants.　Portuguese, Dutch,
British, American, Treaty of Nan-
king.　　Tariff uniformity.

Taiping 1853 Committee of Consuls
Wade, Lay, Hart, Compradore
System British Govmt.'s demands
Hart difficulties.

STRICTLY CONFIDENTIAL.

a few of the
BRIEF OUTLINE OF POLITICAL DEVELOPMENTS IN THE FAR EAST, 1911-1943,
relating to the Customs Service

In reply to a request from the British Ambassador, conveyed
confidentially through the medium of his Secretary, for private infor-
mation concerning the growing anti-British attitude of the Generalissimo
Chang Tai-shek, I drew up the following confidential statement in April,
1943. Subsequent political events in China have, I think, proved the
correctness of the forecast outlined therein.

It should be considered that the fall of Hongkong and Singapore
destroyed British prestige for the time being in the Far East. The
view of the Chinese after these two disasters was that "England was
down and out and did not count any more." In the Spring of 1943, the
American loan of Five hundred thousand gold dollars issued uncondi-
tionally, on the other hand, sent the United States' barometer up, and,
to change the metaphor, the Chinese pendulum of public opinion swung
away from England and left her out in the cold. This carried with it,
of course, an abbreviation of British influence in the Customs, and
naturally weakened the standing, and authority of the Inspector General.
It became apparent, that the quasi-British control of the Inspectorate
General of Customs, had been seriously affected by these events. In
these circumstances, I decided to resign, and advised the Chinese
Government accordingly. (Vide copy of leader in "The Times, 1st June,
1943.) After three or four months delay my retirement was
sanctioned.

As I have stated elsewhere, Hart's death and the advent of the
Revolution in 1911 closed a chapter of Maritime Customs history; and
opened a new era in the Far East. The far-reaching political changes
following the fall of the Manchu dynasty in 1912 necessitated the
partial revision of the former Inspectorate policy. The growing
weakness of the Peking Government under Chang Tso-lin's incompetent
rule aggravated the situation and placed the Inspector General in a
delicate - not to say dangerous - position, which called for careful
handling and the exercise of astute diplomacy on his part. It almost
appeared, indeed, that the development of a sixth sense was required

1.

入　＞　圖7：梅和樂爵士有關遠東
　　　局勢的文件
　　　© National Maritime Museum,
　　　London

▲ 圖 8：梅和樂爵士檔案中的照片　© National Maritime Museum, London

有一些精美的照片，拍攝地點也有待查考，如圖 8 這張，河上的船隻多如繁星，
從背景應該是廣州的海珠橋。總之，許多尚未編目的文獻，地點不詳的照片，都
值得日後進一步研究。

四、托馬斯・滕博爾・勞倫森（Thomas Turnbull Laurenson）的照片與筆記

　　托馬斯・滕博爾・勞倫森（1876－1963）的職業生涯由擔任商船船長（master
in the Merchant Navy）開始。他最早駕駛的是帆船，然後是蒸汽輪船。大約在
1902 年，他來到中國，在長江上擔任領航員，圖 9 是他的領航員手冊。估計他
當時主要在長江下游即上海和南京一帶航行，領航員手冊的筆記主要是他在河上
航行的記錄。筆記內容都是個人手書的，上面寫有他的名字，以及其他航行的筆
記。我們不知道他與熟悉當地河道的中國船員有多少交流，或者英國人是否認為

自己知道如何在河上航行。細閱這些筆記，或能略知一二。

其後，他加入了「中國海岸軍官行會」（Chinese Coast Officers Guild），擔任秘書一職。在他的藏品中，很多是未經編目的信函、來往通訊和報告，包括他在英國國家廣播公司（BBC）發表的關於長江的演講，以及他有關 1911 年辛亥革命期間漢口戰役的記載（當時他負責將人們帶離漢口）。此外，還有一些零散的文獻，例如香港政府的憲報、太古輪船公司（China Navigation Company）的出版物，以及在長江上行走的蒸汽船照片等等。

△ 圖 9：托馬斯・滕博爾・勞倫森的領航員手冊
© National Maritime Museum, London

圖 10 這張照片饒有趣味，因為它展示了旗幟，正好配合是次大會的主題。其他還有一些主題零散的照片，例如圖 11 所示的是漢口。[2]

2　編者按：照片顯示的是漢口水塔，位於今天漢口中山大道 539 號，1909 年建成，原來是商辦漢鎮既濟水電股份有限公司的配水系統，長年承擔着供水和消防水瞭望的雙重任務。見鍾星、楊涵、彭皓亮：〈漢口水塔〉，《檔案記憶》，2019 年 8 月，頁 9－10。

＞ 圖10：托馬斯・滕博爾・
勞倫森攝製的展示了船上
旗幟的照片　© National
Maritime Museum, London

＜ 圖11：托馬斯・滕博爾・勞倫森
在漢口拍攝的照片　© National
Maritime Museum, London

五、其他線上資源

英國國家海事博物館還有一些可供讀者自行瀏覽的線上資源。例如，本館藏有英國最大規模的商船船員名單，這裏顯示的是自 1915 年以來的名單（圖 12）。屬於加拿大的這類名單更為龐大，以至於可以單獨列出了第一次世界大戰期間某次航程上所有的船員名字。

在使用這套線上資源時，我們可輸入船員的出生地，例如，以「Hong Kong」（香港）作為出生地搜索，便可查出第一次世界大戰有 11,824 位出生在香港的水手在英國輪船上工作。如果以中國港口為關鍵詞搜索，便可以追蹤來自這些港口城市的商船船員。又例如，用另一些方法搜索，我們看到一艘名為「Auchenblau」（音譯：奧亨布）的船，當時從倫敦出發航行到加爾各答，可花上兩年之久，但據記錄顯示，這艘船在 1915 年從利物浦出發，實際上只航行了五個月，從其海員名單的出生地所見，全部都來自香港和中國其他地區。列舉在這個數據庫的海員個人資料包括名字、年齡、出生地、註冊地和他們先前服務過的船隻等具體資料，還可以看到他們的薪資、在某船上工作了多久時間等細節。同樣有趣的是，

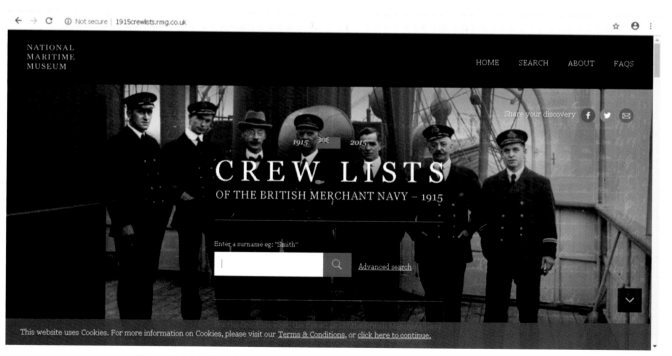

圖 12 英國國家海事博物館的線上資源　© National Maritime Museum, London

資料顯示了他們在哪個部門工作，是當乘務員、水手、廚師，還是木匠，不一而足。有興趣研究華人在世界各地的活動，這是一個很有趣的數據庫，有助追溯他們的行蹤、所經地點、來往於哪些中國海港，以及在利物浦的華人社群的情況等等。只需花上幾分鐘，便能搜出有趣的結果。

總而言之，本館所藏有關中國的手稿文獻相當豐富，有待日後更多的合作和交流，深化研究。

（全文依據斯圖亞特・布萊先生的會議發言整理、翻譯而成，英文發言稿得到作者本人的修訂。）

當龍旗飄走之後：民初的新國旗與新國體

趙立彬

中山大學歷史學系

　　南京臨時政府建立後，在致各國電文中稱：「吾人之所以欲求列強承認者，蓋若是則吾人身世上之新氣象可以發展，外交上之新睦誼可以聯結」。[1] 在新的國家外觀上，南京臨時政府迅速頒佈新的國旗、國歌和紀元方式，引發了一系列饒有趣味、意味深長的歷史現象。[2] 本文擬考察南京臨時政府成立後，不同政治立場和派別的人士，以及民間不同政治趨向的人們，針對新國旗的不同態度和行動，反映了新國家建立之初複雜的政治趨附和心理變革。

一、各方心目中的新國旗

　　南京臨時政府時期對於新國旗的頒佈，是 1912 年 1 月 10 日作出的決定。但是，旗幟的改換，早在武昌起義和各地光復時就成為一個引人矚目的問題。國旗究竟應當體現什麼樣的意義，所有革命者和關注中國革命的人士都花費了不少的心思。1911 年 10 月 11 日，武昌起義成功發動後，湖北軍政府謀略處作出幾項重要決議，其中包括宣佈以鐵血旗為革命軍的旗幟。10 月 28 日的《申報》以「中華民國國旗」的標題刊登了鐵血旗的圖式（圖 1），圖下的說明是：「紅地，由

1　〈文牘・伍廷芳請各友邦承認中華共和國電文〉，時事新報館編輯：《中國革命記》，第 6 冊（上海：自由社，1912），頁 9、11。

2　陳旭麓在 1980 年代已經論述到辛亥革命後的新國歌、新國旗，使中國第一次具備了一個近代國家應有的外觀。參見，陳旭麓：《近代中國社會的新陳代謝》（上海：上海人民出版社，1992），頁 311－343。關於民初國旗和紀元問題的研究論著，參閱趙友慈：〈中華民國國旗史略〉（《歷史檔案》，1991 年第 1 期）、李學指：〈民元國旗之爭〉（《史學月刊》，1998 年第 1 期）、曲野、冷靜、秦秀娟：〈略述清末以來我國國旗的變化〉（《蘭台世界》，1996 年第 1 期）、張永：〈從「十八星旗」到「五色旗」──辛亥革命時期從漢族國家到五族共和國家的建國模式轉變〉（《北京大學學報》，2002 年第 2 期）、王小孚：〈辛亥革命旗幟談〉（《總統府展覽研究》，2011 年第 1 期）、李良：〈辛亥革命旗幟考述〉（《中國國家博物館館刊》，2011 年第 9 期）。

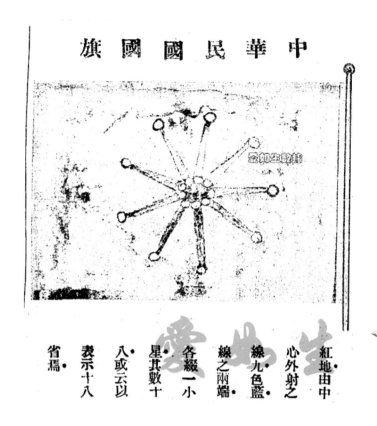

圖 1：《申報》所載中華民國國旗

資料來源：《申報》，1911 年 10 月 28 日，第 1 張第 4 版，「專電」。

中心外射之線九，色藍，線之兩端各綴一小星，其數十八，或云以表示十八省焉。」[3]

　　東南各省光復後使用五色旗，廣東使用青天白日滿地紅旗。12 月 4 日，各省都督府代表聯合會的部分留滬代表與江、浙、滬都督等人在上海開會，研究籌組中央政府事宜，討論國旗時，湖北代表提議用鐵血旗，福建代表提議用青天白日旗，江浙方面提議用五色旗。最後形成了以五色旗為國旗、鐵血旗為陸軍旗、青天白日旗為海軍旗的折衷方案，《申報》於 12 月 8 日將三旗圖案公之於眾（圖 2）。[4] 1912 年 1 月 10 日，臨時參議院通過專門決議，使用五色共和旗（即五色旗）作為國旗，「以紅黃藍白黑代表漢滿蒙回藏五族共和」。[5]

3　〈中華民國國旗〉，《申報》，1911 年 10 月 28 日，第 1 張第 4 版，「專電」。

4　〈確定中華民國旗式〉，《申報》，1911 年 12 月 8 日，第 1 張第 4 版，「專電」。

5　曹亞伯：《武昌革命真史》，下冊（上海：上海書店，1982），頁 533。

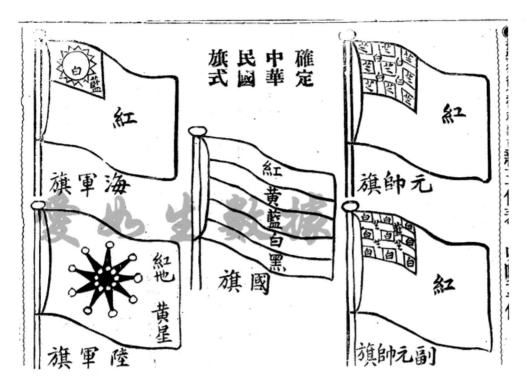

▲ 圖 2：《申報》所載確定中華民國旗式
資料來源：《申報》，1911 年 12 月 8 日，第 1 張第 4 版，「專電」。

　　但是，五色旗並不符合孫中山對於國旗的理想。[6] 孫中山提出：「夫國旗之頒用，所重有三：一旗之歷史，二旗之取義，三旗之美觀也。」他心中屬意的國旗是青天白日滿地紅旗，在 1912 年致臨時參議會的覆函中說：

　　　　天日之旗，則為漢族共和黨人用之南方起義者十餘年。自乙未年陸皓東身殉此旗後，如黃岡、防城、鎮南河口，最近如民國紀元前二年廣東新軍之反正，倪映典等流血，前一年廣東城之起義，七十二人之流血，皆以此旗，南洋、美洲各埠華僑，同情於共和者亦已多年升用，外人總認為民國之旗。至於取義，則武漢多有極正

6　關於民元圍繞國旗問題的討論，參見李學指：〈民元國旗之爭〉，《史學月刊》，1998 年第 1 期。

大之主張；而青天白日取象宏美，中國為遠東大國，日出東方，為恒星之最者。且青天白日，示光明正照自由平等之義，著於赤幟，亦為三色。[7]

　　新國家的國旗樣式，還引起了一些外國人的興趣。一些國際友人出於對中國革命的關心和對孫中山的友善，也曾提出過各種有趣的建議。有一位外國友人佛萊德（Fred）通過夢中的一個小女孩之口，闡述了自己對於新的中國的認識。他向孫中山建議：

　　孫先生：
　　　　冒昧寫信給您，想講一講我在本月 3 號晚上所做的夢。夢是這樣的：有個小女孩找到我的辦公室，要我畫張中國國旗的設計圖，接着她就說出設計圖的樣子，並告訴我太陽代表東方；火焰代表自由；太陽的光芒代表各省，國旗的紅色代表中國人民為自由所拋灑的熱血。瞧，多麼有趣的夢啊。
　　　　真對不起，打擾你了。
　　　　佛萊德　謹上 [8]

　　　　　　　　　　　　　　　　　　　　　　1912 年 1 月 6 日

　　這幅國旗的圖案究竟是什麼模樣，不得其詳。另一位友人、美國北方長老會傳教團查理斯‧里曼（Charles Leaman）於 1912 年 3 月 20 日致函向孫中山提出：

　　　　……數年來，我一直希望貴國國旗能重新設計。恭賀你們終於有了漂亮的新國旗。至於新國旗的五色條紋，我看它們的比例似乎不當。我是說一條紅色條紋並不能充分代表 18 個省份，將來省份數目增多就更無法反映了。

7　〈大總統覆參議會論國旗函〉，《南京臨時政府公報》第六號，1912 年 2 月 3 日。
8　〈海外友人致孫中山信箋選〉（一），《民國檔案》，2003 年第 1 期。

目前，閣下似乎採納了兩種旗幟，甚至在總統府和首都並行使用。

我建議用下述方法將兩旗合二為一，如圖所示。

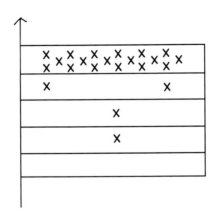

以上草圖突出了 18 個漢族省份。它們由紅色條紋中的 18 顆星代表。黃色條紋中的兩顆星代表關東兩省，因為據我所知，關東被看作是中國 22 個新舊省份中的兩個省。藍色條紋中的一顆星代表蒙古，白色條紋中的一顆星代表新疆。而無星的黑色條紋則代表西藏。因為據我所知，尚要把西藏劃為一個省份。

這樣設計的國旗同樣美，而且涵義豐富。

另有一種設計是，天藍的底色上綴有 22 顆星，如圖所示。

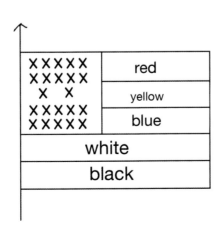

這也是將兩旗合二為一的好辦法，或許還是用星代表 22 個行政省，用條紋代表五大自然區劃是最佳辦法。最後這幅草圖中的五色條紋代表五大自然區劃和民族劃分，可作為貴國國旗的永恆特色。天藍底色（條紋的藍色是淺藍）上的星星可隨行政區劃的增加而增加。18 個省份中，有的面積太大。許多省份，其外形無論從地理或從行政角度看都不是最理想的。因此，應盡早重新劃定這些省份的邊界以適應新形勢的需要。

內蒙古和外蒙古將來無疑可劃分為若干個省份。

我們美國有所謂的管轄地。也許西藏、蒙古的大部分地方，青海以及其他一些地方可以按照美國治理管轄地的辦法管理一段時間，甚至可以仿照美國治理菲律賓的方式。這些地方在國會中沒有議席，在國旗中也無星星代表，直至它們以合法的省份形式參與新政府。在此之前，它們在國旗中僅以條紋表示。

這樣設計的國旗有點像美國的花旗。不過即使從很遠的地方也容易把它與後者以及其他國旗區別開來。我是美國人，相信我們總統和同胞也會像我一樣，希望貴國在諸多方面比如國旗、政府、經濟、權利、公正等等與我們美國盡量相似，人人遵守法紀，從善如流。

很抱歉，在閣下公務繁忙之時，以此長信相擾。無論閣下最後採用哪種旗，請相信我和我的傳教士朋友以及所有善意的文明國家都希望貴國日益興旺，天下日趨太平。希望貴國與世界各國，包括各姐妹共和國尤其是第一個偉大共和國 —— 美國友好相處。[9]

里曼所追求的，不僅國旗要美觀，而且要涵義豐富，他所寄託的含義，就是不僅希望中國在國旗上與美國相似，而且政府、經濟、權利、公正等等，都能夠

9　〈海外友人致孫中山信箚選〉（四），《民國檔案》，2003 年第 4 期。信中兩幅插圖係根據中山市翠亨孫中山故居紀念館所藏原件手繪圖所製之示意圖，原件藏檔號 GJ003243。特別致謝孫中山故居紀念館保管部劉蔓芬主任。

與美國盡量相似。

外國友人提出的各種設想沒有產生什麼實際的效應，五色旗已經被各地各界作為新國旗使用。早在為舉行孫中山就任臨時大總統典禮時，各省聯合會已通電各地「一律懸掛國旗，以志慶賀」。[10]

二、新的國家象徵及其功能

新國旗意味着統一和對革命的歸附。新國旗確定之初，袁世凱尚未反正，對新旗不以為然，向他的外國顧問莫理循說：「五色未必染成，恐遇風雨，變成糊塗也。」[11]《大公報》曾記載袁於 1912 年 2 月 21 日（正月初四）在北京召集各部首領集議，會中提及改定國旗事。報道稱：

> 探其預議，係改用淺藍色大旗，中繪立獅一，張口面向旗頂之角，其角另繪五色小長方旗，其色照現用之國旗式樣，議定俟南京代表到京再行核定。[12]

未知會上是否確有改定國旗其事，也沒有見到此旗的圖樣，為何會有這樣的設計，殊不可解。荒唐的是，《順天時報》3 月下旬又報道了一次，當屬烏龍。[13]但得到反清後得舉為臨時大總統的承諾，袁世凱轉而接受了南方設計的民國國旗，上則報道會議後之第二天，就向各國駐京公使宣佈，「現在中國已經改建共和，應用國旗自應酌加改定，刻經南北同意，決定以紅黃藍白黑五色長方之旗為暫用國徽，其原用之黃龍旗即行取消」。[14]

10　〈中國光復史・孫大總統今日履任〉，《申報》，1912 年 1 月 1 日，第 1 張第 5 版，「要聞」。

11　曹亞伯：《武昌革命真史》，下冊，頁 533。

12　〈預備改定民國旗幟〉，《大公報》，1912 年 2 月 25 日，第 2 張，「要聞」。

13　〈國旗之改定樣式〉，《順天時報》，1912 年 3 月 24 日，第 7 版，「時事要聞」。

14　〈照會暫用國旗式樣〉，《大公報》，1912 年 2 月 27 日，第 2 張，「要聞」。

　　新的國旗立即發揮了政治和外交上的功用。在南北對峙期間，兩方面軍隊衝突不斷。清帝退位後，負責議和的伍廷芳和唐紹儀立即要求袁世凱命令所屬軍隊改旗：

> 孫大總統、黃陸軍總長、武昌黎副總統、各省都督、前敵各軍司令公鑒：
>
> 　　連接陸軍部來電，知各處清軍與我軍接近者，仍時有衝突。惟今者清帝辭位，清國統治權業已消滅。自此以後，國內所有軍隊皆中華民國之軍隊，豈宜自相衝突？廷與唐君已電告袁君慰亭，通飭各處軍隊一律改懸中華民國五色旗以示劃一，此後見同一國旗之軍隊，不可挑釁。如見從前清國軍隊尚未改懸國旗者，應即通告，囑其遵照袁君電命，改懸民國旗。如果始終甘為民國之敵，則必為兩方所共棄。謹此電聞。
>
> 　　　　　　　　　　　　　　　　　　　　　　　廷芳。元。[15]

　　北伐海軍總司令湯薌銘上書孫中山，建議將是否懸掛新國旗作為檢驗是否服從共和的準繩：

> 孫大總統鈞鑒：
>
> 　　接海軍部鹽電敬悉，清帝退位，北方贊成共和，於十五日舉行民國統一大慶典禮。海軍人員無不歡迎鼓舞，已飭各船升旗放炮慶賀矣。據陸軍部電傳鈞命，所有北伐軍，悉改為討虜軍，以符名實，而免誤會等因。薌銘念北來海軍，勢力頗厚，且整齊嚴肅，為中外所欽佩，旌旗所指，海面肅清。今既南北一家，彼此自無庸歧視。特內地交通不便，惟恐沿海各省尚未周知，因懇由大總統電諭魯、燕各港口，暨在港各軍隊。自清帝退位之日起，升掛民國五色旗一月。銘當率各艦親往查視。其有不遵命令，不懸國旗者，當照

---

15 《南京臨時政府公報·附錄·電報》第十七號，1912 年 2 月 20 日。

伍代表之處辦理。是否可行，尚祈鈞示。

北伐海軍總司令湯薌銘叩。銑。[16]

　　革命後的升旗活動，因各地情形不同，大略出現三次高潮。一是臨時政府成立時的元旦前後，各地「遵電改元，並升旗慶賀」。[17] 二是陽曆 1 月 15 日，因許多地方元旦時沒有來得及開展慶賀活動，因而在 15 日補行慶祝。上海「工商全體休息一天，升旗懸燈，公賀總統履任，補祝紀元」，[18]「南北商務總會、商務總公所及各商家謹於十五日舉行慶祝禮，一律懸旗點燈，共伸誠意。」[19] 安徽「補行慶祝元旦大典，國旗煥采，百度維新」。[20] 三是清帝退位，北方實現共和後，北方各地和原來未承認新政府的由外國人控制的機關更換新旗。在遼寧綏中，「本邑人士凡稍有國民之程度者，無不手舞足蹈，歡呼中華萬歲。近日間竟有鄉人不憚數十里之遙來城以睹五色旗者」。[21] 3 月 19 日、20 日，東北的《盛京時報》專文介紹國旗歷史，「自今而後，或即用五色旗，或改更定他種之旗式，要皆足以照耀大地，為吾漢旗增無限之光榮。世有侮辱吾國徽者，誓與吾同胞共擊之」。[22]

　　民國旗幟成為政治上正當性、正義性的標誌，在南北統一的過程中，有個別地區南軍與北軍的紛爭並未完全停止，此時民國旗幟更成為爭奪正統性的工具。樹立民國旗幟，在政治上意味着掌握了優勢。清帝退位後，東北趙爾巽、張作霖在鐵嶺、開原等處，仍以兵力攻擊服從於革命黨人藍天蔚的吳鵬翮、劉永和部民軍，劉永和部不僅力不能當，而且向孫中山、黃興痛訴「待以五色旗懸，有礙進行，不啻明季燕王炮擊濟南城，鐵鉉懸明太祖神主以退敵，致使我軍公憤私仇，均無所泄，對旗痛哭，可謂傷心」，[23] 顯示了理與勢雙重受制的困境。

16　《南京臨時政府公報‧附錄》第二十一號，1912 年 2 月 24 日。

17　〈宿遷各界電〉，《申報》，1912 年 1 月 3 日，第 1 張第 3 版，「公電」。

18　〈賀電：上海去電〉，《民立報》，1912 年 1 月 15 日，第 2 頁，「專電」。

19　〈舉行大祝典之盛況〉，《申報》，1912 年 1 月 16 日，第 7 版，「本埠新聞」。

20　〈安慶孫都督電〉，《申報》，1912 年 1 月 17 日，第 2 版，「公電」。

21　〈五色旗翻萬民志遂〉，《盛京時報》，1912 年 3 月 3 日，第 5 版，「東三省新聞」。

22　〈中華民國旗之歷史（續）〉，《盛京時報》，1912 年 3 月 20 日，第 4 版，「共和肇國記」。

23　《南京臨時政府公報‧附錄‧電報》第四十九號，1912 年 3 月 27 日。

國旗對於爭取外交承認，也有重要作用。在列強尚未承認南京臨時政府時，廣東都督府得到消息，美國南支那艦隊曾受政府命令，倘遇中華民國軍艦下馳施禮時，應一體回禮。美國駐廣州總領事將資訊告知廣東外交部員，並暗示美海軍認中華民國國旗後，法、德、日、葡等國將會仿效。廣東都督陳炯明意識到此事關係甚大，立刻向孫中山請示進行：

> 大總統、外交部長鑒：
>
> 　　美國駐廣州總領事面告粵外交部員李君，謂美國南支那艦隊曾受政府命令，倘遇中華民國軍艦下馳施禮時，應一體回禮。請約定期日，以一軍艦對美軍艦施禮，俾得回禮，以為承認我國之先聲等語。據美領意，美海軍認吾國旗後，法、德、日、葡等國必隨之。此事關係甚大，未悉鈞處有無此項通告，應由中央，抑由粵省先施？懇速覆。
>
> 炯明。三十一號印。[24]

革命的過程也是民國五色旗戰勝清廷龍旗的過程。撤換龍旗，是表示轉向或附和革命的必要前提。上海江海新關本由稅務司管理，上海光復後將龍旗偃卷，但卻不肯張掛民國新旗。海關這一舉動，顯示出他們是以極其謹慎的態度表示對革命的服從。直至清廷宣佈遜位後，海關高揭五色國旗，態度從謹慎服從轉為肯定支持。[25] 舊曆新年這一天，民軍代表與東北公主嶺的各官衙和商務分會交涉，一致贊成共和，撤去龍旗，改為五色民國旗。[26] 對龍旗的戀戀不捨，被認為是對革命的抵觸和敵對，在輿論中往往與死硬的「宗社黨」聯繫在一起。1912 年 3 月，天津《民約報》反映：

> 民立報轉大總統、各都督、各司令、各報館鑒：
>
> 　　宗社黨到處煽惑，已查有私製龍旗等據。南方軍隊，無論如

24　《南京臨時政府公報·電報》第六號，1912 年 2 月 3 日。

25　〈新關懸掛新旗〉，《申報》，1912 年 2 月 21 日，第 8 版，「本埠新聞」。

26　〈北滿民黨之舉動〉，《申報》，1912 年 2 月 29 日，第 6、7 版，「要聞二」。

何，一時切勿解散。聞袁總統請藍君遣散煙台各軍，望即電阻。

民約報。梗。[27]

1912 年 4 月南京兵變時，南京留守處搜獲龍旗二面，認定是「宗社黨從中煽惑」。黃興通電各處云：

袁大總統、陸軍部暨各部總長、黎副總統、孫中山先生、唐總理、各都督、各軍師長、各報館鑒：

昨日捕獲匪徒甚夥，嚴密訊供，多係江西軍隊二十七、二十八兩團之兵。已經判決處死刑者二百餘名，其餘該兩團之犯兵，當派各軍隊協力追剿。旋由洪師長承點竭力開導，令其繳械回營，貸以不死。該犯兵等勢窮力絀，午前八九時均即遵令繳械，退回原營，全城秩序，幸未擾亂。查此次起亂之原因，匪徒勾結，並由宗社黨從中煽惑，已搜獲龍旗二面，藉減餉為名，忽爾倡亂。幸經各軍師團長愛國心長，洞明大義，均親率士卒，剿撫亂黨，分段防守，保衛平民，賴以即日敉平，未致蔓延。興昨已發佈戒嚴令，現仍飭各軍警極力防範，加以鎮撫。定於明日將該兩團兵妥協送回贛省遣散。惟是白門橋、太平橋一帶商民被劫者不下數十家，哀此無辜突遭慘亂。已分飭南京府知事、巡警局會同切實查報，以便酌量撫恤，免其失所，並一面示諭被害各戶，聽候查明，以及其他商民，各安生業。謹此奉聞。

黃興叩。元。[28]

新、舊國旗變成了政治上劃分進步與反動的標誌物，一直成為不同政治立場的評論對象。孫中山在南京臨時政府時期對國旗的確立提出了不同的意見，但五色旗實際上已在使用。孫中山辭職、臨時參議院北遷後，這一問題在 1912 年 5 月間再次提上議事日程，「國旗統一案」作為在南京時政府交議案，與「華僑請

---

27 〈天津電報（民約報致民立報轉孫中山等電）〉，《民立報》，1912 年 3 月 24 日，第 6 頁，「專電」。

28 〈南京兵變三記・黃留守通電〉，《申報》，1912 年 4 月 15 日，第 2、3 版，「要聞二」。

願案」同被提出。5 月 6 日的議場報道：

> 次議國旗統一案。此案曾由南京參議院審查，因請原審查員報
> 告理由，此案並無正式公文提議，因草創之時，形式尚未完備也。
> 今所據者，黎副總統與參議院往來之電，及孫大總統與參議院往來
> 之函。在參議院主以五色旗為國旗；黎副總統則請速定一律旗式，
> 而並未指出何種旗式為宜；孫大總統則不贊成五色旗，欲以革命黨
> 舊用之青天白日旗為國旗，而別以武昌星旗為陪筆；又有調停者以
> 五色旗為國旗，星旗為陸軍旗，天日旗為海軍旗，紛紛不一。議員
> 討論之結果，仍付特別審查會審查之。[29]

10 日，參議院宣佈國旗統一審查報告，由審查長楊廷棟報告。報告中說：

> 吾國既先有旗式，而後提出議案，自須趨重歷史，未便過究理
> 由。五色旗通行甚廣，中外皆知，自無更易之理。應即定五色旗為
> 國旗，陸軍用星旗，海軍用天日旗，亦已通行各處。惟與國旗大無
> 關連，擬於五色國旗之左方上角綴以星旗，為陸軍主旗，又於五色
> 國旗之左方上角綴以青天白日旗，為海軍主旗，既有關連，又合歷
> 史，且甚美觀。至商旗尚待另議。[30]

---

29 〈初六日參議院會場記事〉，《申報》，1912 年 5 月 12 日，第 2 版，「要聞一」。

30 〈初十日參議院記事〉，《申報》，1912 年 5 月 18 日，第 2 版，「要聞一」。這一報告在參議院得到
贊同，但又引發關於軍旗的爭論。該報道記載：「東三省各議員對於星旗之十八點竭力反對，謂各
省外視東三省及蒙藏，大聲抗辯，主張添為二十六點。籍忠寅謂帝制將廢，二十六點他日失其根
據，如何辦法。軍旗不便時有變動，今當認星旗為武漢首義最有榮譽之紀念旗，並無地理關係。
張伯烈亦力言十八星非十八省之義。至此紛紛詰辯，秩序頗紊亂，旋由四十六號劉議員說明十八
星旗之緣起，此旗係在日本時訂自孫中山，是時所畫之旗甚多，一為猛虎持刀旗，一為獅子登山
旗，最後則為十八星旗。其中命意，係以該會中之十八個代表而訂，並無分省之意，並自述訂用
此旗，終始參預其事，及傳佈漢口時，余亦在其列，至起義後有劉君發電，言及嗣後多克復一省
添一星點，實為個人私意，本員知之詳，不得不為詳盡述之。谷芝瑞請湖北議員再說明起義時訂
用此旗之意義。某議員云，議長即起義首勳，可請說明。議長默然。而東省各議員仍先後發言，
又爭持十分鐘。蒙古王那彥圖起言：國旗為全國代表，至軍旗一部分，事毋庸過爭，轉啟惡感。
眾公決，先將五色國旗表決，全體贊成。又公決陸海軍旗，仍交原審查會復加審查。聞審查會屆
時擬請湖北、東三省議員公同討論。」

　　14 日，參議院通過「國旗統一案」：（甲）五色旗為國旗。（乙）國旗之左角加入鄂中所用之星旗為陸軍主旗；（丙）國旗之左角加入革命黨舊用之天日旗為海軍主旗；其大小各居全旗四分之一。（丁）商旗與國旗同式，以歸簡一。[31]

三、火花中的旗幟與圖畫外的意義

　　上述的各種國旗式樣，也出現在民國初年的「火花」上。火花即火柴盒上的貼畫，在日本稱為磷寸票。因火柴是近代以來民間廣泛使用的生活用品，火柴工業的出現，又是近代中國民用工業的代表性產業。不論什麼工廠生產的火柴，至少在表面上都大同小異，要吸引顧客購買某個品牌，只能在火柴盒貼畫的設計上花點心思。民國建立後，新旗幟圖案頻頻出現在火花上。可見新國體的象徵是顧客喜愛的圖案之一。

　　有趣的是，這些火花大多出自日本。[32] 日本火柴產業開始發展於十九世紀八十年代，到了二十世紀初達到高峰，以神戶、大阪為中心，大量向中國輸出。神戶、大阪的華商和日本火柴製造業者合作，製作了許多與國內時局關聯的、中國民眾樂於接受的火花。[33] 如圖 3「共和民國」，中為「統領」頭像，左右分別是共和士兵舉起鐵血十八星旗和五色旗。因資訊太少，該頭像是否指孫中山，不能確定，疑為一位抽象的「共和統領」。整體上，這些火花圖案，顯示了製造商和經銷者對一般民眾擁護新國家的民意的適從。

　　圖 4 作為「共和四／英傑」的兩枚火花，則明確所謂「四傑」指的是孫中山、袁世凱、黃興、黎元洪。這兩幅圖案造型類似，有 Made in Japan 的字樣，標榜產品為日本所製造。兩枚火花的區別在於：其一「四傑」背後為對稱的雙五色旗，其二背後則分別為青天白日滿地紅旗和鐵血十八星旗。頻繁出現的三種旗幟均為

31　〈十四號參議院記事〉，《申報》，1912 年 5 月 21 日，第 2 版，「要聞一」。

32　本節所利用的火花圖案，除專門注明者外，均藏日本神戶華僑歷史博物館。

33　蔣海波：〈形象化的辛亥革命 —— 從火柴盒帖看近代中國的社會變遷〉，林家有編：《孫中山研究》，第 4 輯（廣州：廣東人民出版社，2012），頁 51-65。關於民國初期火花形象所反映社會變革，該文討論較為詳盡。

圖3：「共和民國」火花
資料來源：日本神戶華僑歷史博物
館藏，作者攝自展覽。

圖4：「共和四／英傑」火花
資料來源：日本神戶華僑歷史博物
館藏，作者攝自展覽。

共和新旗幟，在火花上呈現兼收並蓄的態勢從而形成系列產品。國內政治層面上的國旗之爭，似乎並未明顯地反映到作為民間一般使用的商品上來。

中華民國利興公司的「共和萬歲」火花（圖 5），也同時展現鐵血十八星旗和青天白日滿地紅旗。實際上，即使在同盟會勢力佔優的廣東，位於廣州城外河南區域的光大公司生產的火柴，也將五色旗與青天白日滿地紅旗並列（圖 6）。各種代表革命的旗幟共同受到推崇，似乎是這一時期火柴銷售業的普遍情況。

最有代表性的是裕貞祥的「自由鐘」火花（圖 7），圖案為一青年軍人肩扛五色旗，上有標語「中華民國萬歲」，身前一大鐘題為「自由鐘」。裕貞祥是在日本神戶的著名華商公司，其火柴通過在中國的辦莊廣銷國內，廣東最早的民族火柴工業，也是由其在廣州開設分號而產生的。[34] 以「民國萬歲」和「自由」為標語，在革命後自然受到中國消費者的歡迎。有趣的是，此前的同一公司生產的

34　參閱黃福山：〈解放前廣東火柴工業概貌〉，《廣東文史資料》，第 28 輯（廣州：廣東人民出版社，
　　1983），頁 182。

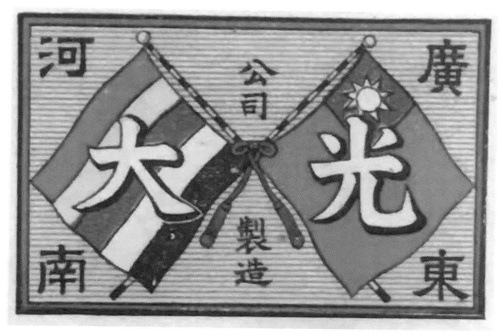

▲ 圖6：廣東光大公司火花
資料來源：日本神戶華僑歷史博物館藏，作者攝自展覽。

火柴，火花圖案格局基本一致，但人物為一學生，旗幟為清朝的龍旗，那口大鐘也不叫「自由鐘」，而是「警世鐘」（圖8左圖）。「警世鐘」火花流行時間在革命之前，雖然以「警世鐘」為題，亦具有進步意義，但顯然仍維持清朝體制。商品關心銷路，沒有理由作為革命宣傳品。革命成功後，則「警世鐘」、「自由鐘」可以並用，各自形成系列。從目前遺存所見，「自由鐘」品種數量上較「警世鐘」為多，繼續使用「警世鐘」者，圖案中旗幟一定更換為新旗幟，如圖8右圖的火花為執青天白日滿地紅旗者。各種旗幟在同一公司、同一造型系列中一擁而上，又五花八門，反映了商家利用政治鼎革迅速打開市場，並且希望在不同地區都能夠暢銷的考慮。

　　商人以「利」為本，與政治本有疏離，但對政局變動仍有敏捷反應。在行銷活動中對新旗幟的接納和宣揚，本質上是服務於其商業目標的，更多的是出於自身的經濟利益。從當時的社會反映看，對於「懸旗志慶」一類的活動，及在商標、廣告中對新旗幟的利用，商界回應均較積極，因為並無不便之處，有利無害。商品面向民間，也不必過於拘泥各地政治上的分歧，對各種新旗幟可以相容

圖 7：「自由鐘」火花
資料來源：日本神戶華僑歷史博物館藏，作者
攝自展覽。

圖 8：「警世鐘」火花兩種
資料來源：李偉欽編：《辛亥革命印象 火花收
藏》，廣州：嶺南美術出版社，2011，頁 13。

並包。火花上的旗幟，既在一定程度上反映了民間具有歡迎新國家外觀的基本傾向，又反映了工商業者為最大限度獲取市場利潤而主動趨迎的反應。

四、餘論

　　國旗是國家外觀中具有政治標誌性的元素，也與人民日常生活關涉最為密切。啟蒙的任務雖然艱巨，名義上的民國主人總比實際上的皇朝奴隸要好得多。[35] 辛亥革命時期，革命黨人鼓吹民主革命的同時，對緊緊禁錮着人們頭腦的以王權為中心的封建專制主義的舊制度、舊思想、舊觀念、舊習俗進行了猛烈的衝擊，新的國家外觀，使人們不自覺地被推入到一個與舊朝廷總有那麼一點差異的新政治時代了。

　　但是，民元初年的政治實踐表明，形式上的民主是建立在一個虛幻的社會基礎上面，不僅未能實現真正的民主，甚至連民主的形式也不斷遭到專制勢力的蠶食。正如新國家的外觀特別引人注目一樣，革命的實際成果基本被局限在這種「外觀」上。後世有人觀察到，「有的外國電影表現中國這一歷史的變革，沒有任何激烈的場面，只是一面杏黃色旗幟卸下來了，一面五色旗升了上去而已」。[36] 實質的進步仍須付出更多的努力。改旗易幟，體現了近代化和革命性，具有重大的象徵意義。革命高潮中，活躍於政治舞台的各個派系、各個階層及各色人等，對於新旗表現出一定的趨附，在形式上使民國的新國家外觀得以確立，但其中不少是基於「勢」所必然，民主的觀念自覺尚十分淡薄。新國家外觀並不意味着革命目標的完成，儘管對於這種寄託現代性的象徵物仍應給予積極的評價，而新國家制度的受損和基礎的缺乏，促使革命繼續向前並有了更新的走向。

35　胡繩武、金沖及：〈辛亥革命時期的思想解放〉，《從辛亥革命到五四運動》（太原：山西人民出版社，2010），頁 26－27。

36　秦牧：〈從皇朝到人民的世紀 ── 雜談辛亥革命〉，《中學生》，1945 年，第 91、92 期。